자연어 처리와
머신러닝을 이용하여

파이썬으로
챗봇 만들기

저자 Sumit Raj · **역자** Daniel Lee

Apress® YoungJin.com Y.
영진닷컴

자연어 처리와 머신러닝을 이용하여
파이썬으로 챗봇 만들기

독자님의 의견을 받습니다.
이 책을 구입한 독자님은 영진닷컴의 가장 중요한 비평가이자 조언가입니다. 저희 책의 장점과 문제점이 무엇인지, 어떤 책이 출판되기를 바라는지, 책을 더욱 알차게 꾸밀 수 있는 아이디어가 있으면 이메일, 또는 우편으로 연락주시기 바랍니다.
의견을 주실 때에는 책 제목 및 독자님의 성함과 연락처(전화번호나 이메일)를 꼭 남겨 주시기 바랍니다. 독자님의 의견에 대해 바로 답변을 드리고, 또 독자님의 의견을 다음 책에 충분히 반영하도록 늘 노력하겠습니다.

ISBN : 978-89-314-6323-1

주   소 : (우)08507 서울시 금천구 가산디지털1로 128 STX-V타워 4층 401호
대표팩스 : (02)867-2207
등   록 : 2007. 4. 27. 제16-4189호
이메일 : support@youngjin.com

STAFF
저자 Sumit Raj | **역자** Daniel Lee | **총괄** 김태경 | **진행** 김민경, 서민지 | **디자인·편집** 김소연
영업 박준용, 임용수, 김도현 | **마케팅** 이승희, 김근주, 조민영, 김예진, 이은정 | **제작** 황장협 | **인쇄** 예림

이 책과 내 모든 노력을 통해 이루어낸 성과들을,

이번 해 세상을 먼저 떠난 나의 형 Nikhil Raj에게 바친다.

만약 그가 살아 있었다면,

오늘 출간된 동생의 책을 보고 너무나 자랑스러워했을 것이다.

또한 나의 부모님 Dinanath Prasad, Shobha Gupta와

남동생과 여동생, 친척들 그리고 책을 쓰는 동안

때때로 모임에 참석하지 못한 나를 항상 지지해주고 격려해준

나의 소중한 친구들에게 감사를 전하고 싶다.

Sumit Raj는 코딩과 애플리케이션 제작을 좋아하는 열정적인 컴퓨터 엔지니어이다. 또한 머신러닝과 자연어 처리에 관심이 많은 파이썬 전문가이기도 하다. 그는 코드를 작성하는 것 자체가 회사의 수익에 직접적인 영향을 끼친다고 믿는다.

Sumit은 개인 자산 관리, 부동산, 전자상거래, 수익 분석과 같은 다양한 영역에서 확장 가능한 여러 가지 애플리케이션을 구축하는 일을 해왔다. 그는 다양한 신생 스타트업들의 초기 제품 디자인과 구조를 도우며, 이후에 투자자들과 정부로부터 기금을 지원받을 수 있도록 하였다. 또한 그는 확장성, 성능 튜닝, 최적화, 비용 절감 등을 위한 대용량 인터넷/엔터프라이즈 애플리케이션에 사용되는 최첨단 기술에 많은 경험이 있다.

그는 전 세계 많은 학생들 그리고 개발자들에게 파이썬 프로그래밍에 관한 멘토 역할을 하고 있는데, 구체적으로 1000명 이상의 학생과 전문가들에게 프로그래밍 언어, 데이터 과학, 진로 상담 등에 관하여 다양한 온라인/오프라인 채널을 활용하여 조언을 주고 있다. Sumit은 기술 회의, 컨퍼런스, 워크숍 등에 참석하는 것을 좋아하며, 해커톤 또한 그가 반드시 참석하기를 원하는 이벤트이다. 응용 프로그램 제작과 문제 해결에 대한 그의 사랑은 그에게 여러 상과 표창을 안겨 주었다. 그는 인도의 일류 교육기관에서 정기적으로 강의를 초청받고 있으며, 또한 PyLadies Meetup 그룹에서도 연설자로 활동하고 있다. PyLadies Meetup 그룹은 파이썬 소프트웨어 재단의 전 이사 중 한 명이 이끌고 있는 파이썬으로 코딩하는 여성들을 의미한다.

여가 시간에는 100만 뷰가 넘는 자신의 블로그에 글을 쓰고 컴퓨터 프로그래밍, 챗봇, 파이썬/장고Django, 직업, 쿼라Quora 웹 개발 등에 관한 질문에 대답하는 것을 좋아한다. 그의 쿼라Quora 프로필에 문의를 남겨 보는 것도 좋을 것이다.

현재 Sumit은 인도 Bangalore에 위치한 GeoSpark 연구센터에서 시니어 솔루션 설계자로 활동하며 위치 추적을 위한 개발자 플랫폼을 구축하고 있다. 그의 웹 사이트(https://sumitraj.in)에서 그에 대해 더 많이 알 수 있으며, 독자들은 https://buildingchatbotswithpython.sumitraj.in/ 를 통해서도 그에게 문의하고 토론을 진행할 수 있다.

Nitin Solanki는 헬스케어, 전자상거래, 교육, 법률과 같은 다양한 영역에서 AI 챗봇을 개발하며, 자연어 처리, 머신러닝, 인공지능 챗봇 개발 등에 폭넓은 경험을 갖고 있다. 또한 자연어 처리NLP, Natural Language Processing 라이브러리, 데이터 마이닝, 데이터 클리닝, 피처 엔지니어링, 데이터 분석 및 시각화, 머신러닝 알고리즘 분야에서 일한 경험이 있다. Nitin은 무엇이든 조금 더 간단하게 그리고 자동화되도록 만드는 것을 좋아한다. 여가 시간에는 경제적으로 도움이 되는 아이디어를 생각하기 시작한다. 그래서 그는 항상 기술을 탐구하고 코드를 작성하는 일에 몰두한다.

감사의 말

이 책은 지금까지의 나의 경력에서 진정으로 가장 많은 노력을 쏟아낸 결과물이다. 이 책을 완성하기 위해 수많은 밤을 지새웠다. 이 책을 통해 먼저 지금의 나를 존재하게 해주신 아버지와 어머님께 감사하고 싶다. 또한 아무 말 하지 않고도 항상 이해해주고 많은 감정을 공유해준 남동생 Nitish와 여동생 Prity에게 감사를 전한다.

이 책을 쓰는 동안 나를 항상 묵묵히 지지해준, Nikhil와 Divya를 포함한 최고의 Apress팀에게도 매우 감사를 드린다. 그들 모두 최고의 모습으로 함께 일해 주었다. 나의 이 첫 번째 책에 필요한 모든 것을 지도해주고, 조금 더 개선할 수 있도록 모든 단계에서 지속적으로 피드백을 준 Matt에게도 특별한 감사를 드리고 싶다. 마지막으로 책의 기술 평가를 진행하고 수정 사항을 알려준 Nitin에 큰 감사를 전한다.

Sumit Raj

교육부는 올해 모든 초등학교 5~6학년생과 중학생에게 소프트웨어 교육을 의무화하였다. 이에 따라 대상 학생들은 올해부터 소프트웨어 교육을 의무적으로 받고 있으며, 일부 고등학생은 선택 과목을 통해 높은 수준의 인공지능^{AI} 관련 내용까지 학습하고 있다. 이제는 주위에서 프로그래밍을 배울 수 있는 사설 학원이나 온라인 강의를 어렵지 않게 찾아볼 수 있으며, 초등학생부터 직장인까지 IT를 전공하지 않은 사람도 각자가 목표하는 프로그램 구현을 위해 열심히 코딩을 배우고 있다.

프로그래밍을 배우게 된 동기는 수강생마다 다를 테지만 이들이 목표로 하는 결과물 중 대다수는 인공지능과 관련된 프로그램일 것이다. 이세돌 프로기사와 구글 알파고$^{Alpha Go}$의 대결로 인하여 대중들로부터 더욱 관심을 받게 된 인공지능은 1950년대에 대중들에게 최초로 소개되었지만 여러 가지 이유로 빙하기와 중흥기를 반복하게 된다. 그러나 하드웨어의 발전, 빅데이터의 출현 및 머신러닝/딥러닝 기술들의 발전과 함께 1990년 화려하게 부활을 선포하였고, 이제는 구글 어시스턴트^{Assistant}나 애플 시리^{Siri}처럼 인공지능이 적용된 상품을 쉽게 찾아볼 수 있게 되었다. 이러한 인공지능이 적용된 상품 중에 우리 생활에 가장 가까이 있는 프로그램 중 한 가지가 바로 이 책에서 다루고 있는 챗봇^{Chatbot}일 것이다. 이 책을 읽는 독자 중 대다수는 아마도 다양한 기업에서의 챗봇 서비스를 이미 경험해 보았을 것이라고 생각된다. 실시간 비대면 맞춤형 금융 상품 가입, 24시간 고객 상담 지원, 음식/호텔/항공 등의 예약, 개인 비서 서비스, 법률 상담, 세금/수수료 등 각종 비용 납부, 영화 추천, 정보 검색 등 셀 수 없이 많은 서비스가 이미 상품화되었고 해당 기업의 수익에 크게 기여하고 있다. 더욱이 최근 코로나 사태로 인하여 비대면 서비스의 수요는 향후에도 더욱 커질 것이 예상되므로 중소기업을 포함한 많은 기업이 챗봇에 대한 내부 비즈니스 적용을 검토하고 있을 것으로 보인다.

이 책은 위와 같은 챗봇의 비즈니스 적용을 검토하고 있는 IT 기획 담당자, 챗봇이 적용된 기업으로의 취업을 준비하려는 대학생 및 순수한 지식의 탐구를 목적으로 하는 개발자들이 손쉽게 챗봇을 구현해보고 그 동작 원리를 스스로 연구해 볼 수 있도록 구성되었다. 고통스럽지 않을 정도의 학습량과 실습으로 준수하게 동작하는 챗봇을 구현해 볼 수 있다는 점이 이 책의 가장 큰 매력이라고 생각된다. 이 책을 통해 더욱 많은 독자가 챗봇에 더 관심을 갖게 되길 바란다.

Daniel Lee

챗봇을 만드는 것이 단순히 튜토리얼 혹은 몇몇 단계를 따라 하는 것이 아니라, 만드는 것 그 자체가 하나의 기술로 습득될 수 있도록, 이 책은 매우 실용적이고 결과 지향적으로 구성되어 있다. 배운 내용을 바로 실습하도록 되어 있으며, 지나치게 많은 본문과 과정으로 독자들을 지루하게 하지 않을 것이다. 아마도 지금까지 한 번쯤은 챗봇을 이용해 본 적이 있을 텐데, 프로그래머든 아니든 이 책을 통해 챗봇의 구성과 그동안 몰랐던 많은 미스터리들을 밝혀낼 수 있을 것이다. 이 책은 겉으로 보기에 어려워 보이는 챗봇 만드는 과정을 매우 쉽게 만들어 준다. 어떤 복잡한 개념을 한 번에 직접 처리하기보다는 단계적으로 학습하도록 설계된 우리의 뇌를 통해, 이 책의 첫 챕터부터 마지막 챕터까지 보며 챗봇이 어떻게 구성되고 만들어지는지 명확하게 알게 될 것이라고 생각한다. 어느 부분을 먼저 보아도 좋지만, 당신의 생각을 점차 발전시킬 수 있도록 첫 챕터부터 읽어볼 것을 강력히 추천한다.

이 책은 한 편을 보고 나면 다음 편을 볼 수밖에 없는 웹 시리즈물과 유사하다. 이 책을 읽고 난 후에는 당신과 대화하고 있는 챗봇이 어떻게 설계되고 구현되는지에 대한 그림이 당신의 마음속에 그려질 것이다.

이 책의 대상 독자

이 책은 챗봇과 관련된 개념을 배우고 구현하는 방법을 배우는 데 훌륭한 자원이 될 것이다. 이 책이 유용할 것이라고 생각되는 사람은 다음과 같다.

- 챗봇 개발을 통해 지식과 경력을 확장하려는 파이썬 웹 개발자
- 챗봇 개발을 직접 수행해 보며, 많은 사람들 사이에 누각을 나타낼 수 있는 새로운 기술과 경험을 쌓고 싶은 학생과 프로그래머 지망생
- 챗봇 구축 관련 내용을 처음부터 학습하고자 하는 자연어 처리 마니아
- 챗봇 구현에 관한 기술적 실현 가능성에 대한 정보는 충분하지 않지만, 좋은 아이디어를 갖고 있는 신생 기업가
- 챗봇 관련 프로젝트를 계획 중인 상품 매니저 혹은 엔지니어

이 책은 모두 읽고 나면 스스로 챗봇을 만들거나 누군가에게 챗봇을 만드는 방법을 가르쳐 줄 수 있다는 점을 염두에 두고 쓴 책이므로, 다른 책과는 조금 다르다는 것을 먼저 기억해야 한다. 관련하여 몇몇 중요한 점들이 있으니 책을 읽기 전에 한 번 살펴보도록 하자.

- 이 책은 챗봇 구축을 위해 필요한 거의 모든 정보를 다룬다(챗봇과 관련된 모든 내용을 다루는 것은 아니다).

- (이 책을 읽는 것보다) 이 책을 통해 시스템을 구현하는 데 더 많은 시간을 보내게 될 것이다. 코드를 복사하여 붙여넣기보다는 각각의 코드를 한줄 한줄 직접 작성하고 수행해 보도록 하자.

- 이해가 되지 않는 부분이 있더라도 걱정하지 말고, 책에 나오는 대로 절차를 따른다. 모르는 것들은 챕터 후반부 내용을 보면서 알게 될 것이다.

- 이 책에서 제공하는 소스 코드를 주피터 노트북에서 실행해 보자.

이 책에서 배우게 될 내용은?

CHAPTER 1 많은 사람에게 사랑받고 있는 챗봇(The Beloved Chatbots)

챕터1에서는 업무적인 혹은 개발자 관점에서의 챗봇 관련 사항들에 대해 알게 될 것이다. 이 챕터는 챗봇의 개념들과 그것을 코드화하기 위해 우리가 해야 할 일들에 대한 방향을 잡게 되는데, 챕터1을 다 읽으면 나를 위해 혹은 내가 속한 조직을 위해 왜 챗봇을 구축해야 하는지에 대한 이유를 이해할 수 있을 것이다.

CHAPTER 2 챗봇에서의 자연어 처리(Natural Language Processing for Chatbots)

이 챕터에서는 챗봇에 자연어 처리가 필요할 경우 어떤 도구와 방법을 사용해야 하는지를 실제 코딩 예제들을 통해 실생활에 적용하며 배우게 될 것이다.

또한 챗봇에 특정 자연어 처리 기법들이 필요한 이유에 대해 다루는데, 자연어 처리라는 것 자체가 하나의 기술이라는 것을 기억해 두도록 하자.

CHAPTER 3 쉬운 방법으로 챗봇 구축하기(Building Chatbots the Easy Way)

이 챕터에서는 Dialogflow와 같은 도구를 사용하여 손쉽게 챗봇을 구축하는 방법을 학습할 것이다. 여기서는 프로그램을 작성하는 기술이 거의 필요 없기 때문에 전문 프로그래머가 아닌 사람도 어렵지 않게 수행할 수 있을 것이다.

CHAPTER 4 어려운 방법으로 챗봇 구축하기(Building Chatbots the Hard Way)

챕터3까지 학습을 한 독자라면 원하는 챗봇을 구축하기 위하여 조금 더 많은 정보를 원하게 될 것이다. 이를 위해 챕터4에서는 처음부터 단계적으로 챗봇을 구축하는 방법과 머신러닝 알고리즘을 이용하여 어떻게 챗봇을 학습시키는지에 대해 배우게 될 것이다.

CHAPTER 5 챗봇 배포하기(Deploying Your Chatbot)

챕터3 혹은 챕터4를 통해 챗봇을 구현한 독자라면, 챗봇을 다른 사람들과 공유하여 사용해 보기를 원할 것이다. 챕터5에서는 이를 위한 마지막 작업을 진행하게 될 예정인데, 페이스북과 슬랙에 챗봇을 통합하여 외부세계에 공개하는 방법을 학습할 것이다.

목차

CHAPTER

많은 사람에게
사랑받고 있는 챗봇

The Beloved Chatbots

많은 사람에게 사랑받고 있는 챗봇

챗봇을 구축하기 전에, 챗봇이 과연 어떤 모습인지 또 할 수 있는 일은 무엇인지를 먼저 알아보는 것이 좋을 것 같다. 여러분들은 아마도 애플 시리Siri, IBM 왓슨Watson, Google 알로Allo에 관하여 들어본 적이 있을 것이다. 이러한 봇bot들은 컴퓨터와 사용자 간의 소통을 보다 원활하게 함으로써 사람들이 더욱 생산적이 될 수 있도록 한다. 그것들은 사용자가 어떠한 형식에도 구애받지 않고 자유롭게 탐색할 수 있도록 하고 원하는 정보를 얻을 수 있게 한다. 봇은 사용자들의 요청을 처리할수록 통찰력이 높아지고 점점 더 지능적이 된다. 챗봇은 사용자가 원하는 것을 처리할 수 있으므로, 매우 성공적인 제품이라고 할 수 있다.

수많은 웹 사이트에 매번 같은 이름, 이메일 ID, 주소, 핀 코드pincode를 입력하는 것이 귀찮거나 힘들지는 않은가? 그렇다면 챗봇이 사용자 대신 다양한 음식을 주문하고, 쇼핑하고, 항공편이나 기차표를 예매하는 일들을 해서, 그때마다 사용자가 같은 정보(이메일 ID, 물건 발송 주소, 결제 정보)를 입력하지 않아도 된다고 상상해 보자. 봇은 이러한 많은 정보들을 이미 알고 있으며, 컴퓨터 과학 분야에서 자연어Natural Language라고 부르는, 우리가 평소에 사용하는 언어로 필요한 것을 요청하면 원하는 것을 처리할 정도로 매우 지능적이다.

챗봇 개발은 수년 전보다 훨씬 쉬워졌지만(챗봇은 수십 년 전에도 존재했다), 그 인기는 지난 몇 년 동안 기하급수적으로 증가하였다.

만약 당신이 컴퓨터 엔지니어나 웹 혹은 모바일 애플리케이션의 동작을 아는 사람이라면, API라는 용어를 들어본 적이 있을 것이다. 오늘날 우리가 외부로부터 필요한 모든 데이터는 바로 이 API라고 하는 형태로 제공받아 사용한다. 기상 정보, 항공권 예매, 음식 주문, 항공편 정보 수신, 번역, 페이스북, 트위터 포스팅 등 이 모든 것을 API를 이용하여 처리할 수 있다. 웹 혹은 모바일 기반의 애플리케이션에서 사용되는 이러한 API는 챗봇에서도 동일한 일들을 처리하기 위하여 사용된다.

챗봇이 기존 온라인에서 처리된 전통적인 방식보다 우월한 이유는, 챗봇을 통해 동시에 다양한 일을 할 수 있기 때문이다. 챗봇은 단순한 봇이 아닌 가상의 개인 비서라고 할 수 있다. 예약 사이트를 통해 호텔을 예약하며 동시에 호텔 근처의 레스토랑을 예약하는 것, 바로 이런 일들을 챗봇을 통해 할 수 있다. 챗봇은 여러 가지 다양한 목적의 일을 처리함으로써 시간과 돈을 절약할 수 있게 한다.

이 책에서 우리는 봇을 이용해 자연스러운 대화 경험을 쌓는 방법과 봇에게 우리의 자연 언어를 이해하게 하고, 그것이 우리에게 필요한 일을 하도록 하는 방법을 하나의 인터페이스로 학습할 것이다.

챗봇은 사람들의 요청을 이해하고, 필요한 정보를 보유한 다른 시스템이 이해할 수 있는 방식으로 그 요청을 변경할 수 있는 지능이 매우 높은 머신이라고 할 수 있다.

1-1 챗봇 사용의 인기

최근 들어 챗봇의 인기가 매우 높아졌다. 챗봇의 인기를 실감할 수 있는 그림 1-1을 보면서 많은 사람이 챗봇을 만들려고 하는 이유에 대해 한 번 생각해 보자.

그림 1-1 Y 축의 숫자는 모든 카테고리에서 가장 높은 인기 검색 수준을 나타낸다.

간단한 이유 한 가지는, 챗봇이 그리 복잡한 소프트웨어가 아니고 누구나 사용 가능하다는 것이다. 어떤 소프트웨어를 개발할 때는 보통 해당 제품을 주로 사용할 사용자 그룹을 정의하게 되는데, 이때 그 그룹에 해당하지 않는 사람들에게는 그 제품이 너무 사용이 어렵거나 쓸모없

---

1   역주 Interest Over Time, 정해진 기간 동안의 특정 검색어 인기도 (출처: http://searchanalysisguide.blogspot.com)

다고 생각될 수 있다. 그러나 챗봇을 구축할 때는 전 연령층의 모든 사람이 사용할 것을 전제로 한다. 매우 지능적이지만 때로는 똑똑하지 않은 척 행동할 줄 아는, 그래서 모든 사람들에게 도움을 줄 수 있는 챗봇만이 특정 사용자층을 정의하지 않는다. 챗봇을 제외한 다른 모든 소프트웨어들은, 특정 용어에 대해서 알고 있거나 최적의 사용법에 대해 점진적으로 익혀 나가야 한다. 그러나 챗봇은 주위 사람들과 얘기를 나눌 수 있기만 한다면 사용하는 데 전혀 문제가 없다.

챗봇에 대한 수요는 계속 증가하고 있다. 그러나 챗봇을 이용하려는 동기motivation를 실증적으로 밝혀내려는 연구는 많지 않았다. 최근 한 연구에서, 16세에서 55세 사이의 챗봇 사용자들에게 일상생활 중 챗봇이 필요한 경우에 대한 온라인 설문을 진행하였다. 조사 결과 바로 "생산성"이 챗봇을 사용하는 주된 동기라는 것이 밝혀졌다.

1-2 The Zen of Python 원리가 챗봇에도 적용되는 이유

The Zen of Python에 소개된 "간단한 것이 복잡한 것보다 좋다Simple is better than Complex"의 원리는 수많은 소프트웨어에도 적용될 수 있다.

> *"The Zen of Python은 파이썬 프로그래밍 언어의 디자인에 영향을 미치는 20가지 소프트웨어 원리의 모음이다."*
> — Tim Peters

The Zen of Python에 대해 조금 더 알고 싶다면, 다음의 코드를 따라해 보자. 파이썬이 설치되어 있다면 파이썬 실행 창에 import this를 입력한다.

```
Python 2.7.15 (default, May 1 2018, 16:44:08)
[GCC 4.2.1 Compatible Apple LLVM 9.1.0 (clang-902.0.39.1)] on darwin
Type "help", "copyright", "credits" or "license" for more information.
>>> import this
The Zen of Python, by Tim Peters
```

Beautiful is better than ugly. •⋯⋯⋯⋯⋯ 아름다운 것이 못생긴 것보다 좋다.

Explicit is better than implicit. •⋯⋯⋯⋯⋯ 명확한 것이 암시적인 것보다 좋다.

Simple is better than complex. •⋯⋯⋯⋯⋯ 간단한 것이 복잡한 것보다 좋다.

Complex is better than complicated. •⋯⋯⋯⋯ 구성이 복잡한 것이 이해하기 어려운 것보다 좋다.

Flat is better than nested. •⋯⋯⋯⋯ 평평한 것이 층이 있는 것보다 좋다.

Sparse is better than dense. •⋯⋯⋯⋯ 드문드문 있는 것이 밀접하게 있는 것보다 좋다.

Readability counts. •⋯⋯⋯⋯ 가독성은 중요하다.

Special cases aren't special enough to break the rules. •⋯⋯⋯⋯ 규칙을 어길 만큼 특별한 경우는 없다.

Although practicality beats purity. •⋯⋯⋯⋯ 실용성은 순수함을 능가한다.

Errors should never pass silently. •⋯⋯⋯⋯ 오류를 결코 그냥 넘어가서는 안 된다.

Unless explicitly silenced. •⋯⋯⋯⋯ 일부러 침묵하는 게 아니라면.

In the face of ambiguity, refuse the temptation to guess. •⋯⋯⋯⋯ 모호함을 직면했을 때 추측하려는 유혹에서 벗어나라.

There should be one-and preferably only one-obvious way to do it. •⋯⋯⋯⋯ 더 나은 분명한 방법이 존재한다.

Although that way may not be obvious at first unless you're Dutch. •⋯⋯⋯⋯ 처음이라 명확하지 않게 보일 수도 있지만.

Now is better than never. •⋯⋯⋯⋯ 지금 하는 게 안 하는 것보다 좋다.

Although never is often better than *right* now. •⋯⋯⋯⋯ 아무것도 안 하는 것이 지금 당장 하는 것보다 나을 때도 있지만.

If the implementation is hard to explain, it's a bad idea. •⋯⋯⋯⋯ 설명하기 어렵게 구현했다면, 좋은 아이디어가 아니다.

If the implementation is easy to explain, it may be a good idea. •⋯⋯⋯⋯ 설명이 쉽다면, 좋은 아이디어일 것이다.

Namespaces are one honking great idea-let's do more of those! •⋯⋯⋯⋯ 네임스페이스는 매우 좋은 아이디어다. 더 많이 사용하자.

위의 원리들이 챗봇과 관련이 있다는 점을 완벽하게 알 수는 없겠지만, 많은 내용들이 챗봇에 적용될 수 있다는 점은 이해할 수 있을 것이다.

그러면 이제 주제로 다시 돌아와 살펴보자. 필자는 오르컷²에 익숙한 상태에서 페이스북을 처음 시작할 때 새로운 사용자 인터페이스UI, User Interface에 익숙해지는데 어려움을 겪었던 기억이 있다. 오르컷을 사용해 본 적이 없다면, 어떤 새로운 소프트웨어나 애플리케이션을 사용할 때 한동안 익숙하지 않아 어려움을 겪었던 기억을 떠올려 보자. 예를 들어 우리가 사용 중인 윈도우 운영체제의 PC가 어느 날 갑자기 맥 혹은 리눅스로 바뀐다면? 새로운 환경에 적응하기 위해 많은 것들을 배워야 할 것이고, 그것이 무엇이고 어떻게 동작하는지 알기까지는 상당한 시간이 소요될 것이다. 심지어 몇 년을 사용하고서야 비로소 어떤 특징을 알게 되는 경우

2 　역주　 Orkut, 구글이 제공하는 소셜 네트워킹 웹 사이트의 하나 (출처: 위키백과)

도 있다. 만약 지금 맥을 사용 중이라면 $\boxed{\text{Shift}}$ + $\boxed{\text{Option}}$ + $\boxed{\text{Volume Up}}$/$\boxed{\text{Volume Down}}$을 한 번 눌러 보자. 전에 이 기능을 몰랐다면 아마도 놀랐을 것이다.

그러나 챗봇의 경우는, 사용자와 서버 혹은 시스템 간의 소통이 매우 간단하다. 마치 메신저 애플리케이션을 사용하여 다른 사람과 대화하는 것과 같다.

그저 원하는 것을 입력하기만 하면, 봇은 필요한 것을 주거나 원하는 것을 가질 수 있도록 안내해준다. 다시 말해 필요한 정보에 대한 링크 정보 혹은 문서를 사용자에게 제공할 수 있다는 말이다. 봇이 신문 기사나 문서에서 정보를 탐색하여 필요한 정보를 사용자에게 전달할 수 있는 시대가 되었다.

구글, 페이스북, IBM과 같은 회사들과 아마존 렉스Lex, wit.ai, luis.ai, IBM 왓슨Watson, 아마존 에코Echo 등과 같은 머신러닝 서비스에 의한 AI의 뛰어난 발전은 이와 같은 로봇의 엄청난 성장과 수요로 이어졌다.

1-3 챗봇의 필요성

빠르게 성장하고 있는 정보의 생성과 검색의 시대에, 챗봇의 필요성과 수요에 관하여 비즈니스 관점과 개발자 관점에서 각각 살펴보도록 하자. 만약 당신이 제품 관리자, 판매 관리자 혹은 사업을 직접 추진하는 마케팅 혹은 관련 분야에서 일하고 있는 사람이라면, 챗봇의 비즈니스 관점을 간과해서는 안 될 것이다. 왜냐하면 오늘날의 사업 모델들이 더 많은 수익을 올리기 위해 챗봇을 도입해야 하는 필요성에 대해 명확한 그림을 제시해줄 것이기 때문이다.

1-3-1 비즈니스 관점

비즈니스 관점에서의 챗봇을 살펴보도록 하자. 어떠한 비즈니스에 챗봇을 보유하는 것과 많은 일을 챗봇이 처리하노록 하는 것 중 어떤 것이 더 좋은 것일까?

챗봇이 여러 비즈니스에서 하나의 마케팅 도구로 활용되는 시대는 이미 시작되었다.

- **접근성**Accessibility: 챗봇은 접근성이 매우 뛰어나다. 사용자는 전화를 걸어 자동응답기의 "이것은 1번을 누르고, 저것은 2번을 누르세요"와 같은 구식의 안내를 따를 필요 없이, 그저 웹 사이트를 열고 질문하거나 요청을 해결하면 된다. 챗봇은 기본적인 정보만으로도 신속하게 요점을 파악할 수 있다.

- **효율성**^{Efficiency}: 사용자는 사무실 책상에서 일을 하면서도, 혹은 거실 소파에 앉아 게임을 하는 동안에도, 신용카드 신청 현황을 파악하거나 음식 주문 상태를 체크하거나 어떤 이슈에 대하여 불만을 제기할 수 있다.

만약 우리가 우리 고객을 조금 더 효율적이고 생산적으로 만들 수 있다면, 그들은 우리를 좋아하기 시작할 것이다. 챗봇은 바로 그것을 할 수 있고 사업을 발전시키는 데 많은 도움을 줄 수 있다.

- **가용성**^{Availability}: 챗봇은 365일 24시간 내내 이용이 가능하다. 챗봇은 결코 퇴근을 원하거나 사람처럼 지쳤다고 말하지 않는다. 챗봇은 반복되는 일과 새로운 일을 가리지 않고 동일한 효율성과 성능을 발휘하며 업무를 처리한다. 만약 어떤 고객이 "오전 9시에서 오후 6시 사이에 전화해 주세요"라고 메시지를 남긴다면 우리들은 몇 시에 또는 몇 번을 전화해야 할지 몰라 혼란스러울 수 있다. 그러나 챗봇은 담담하게 해당 업무를 처리할 수 있다.
- **확장성**^{Scalability}: 챗봇 1개 → 직원 100만 명이 사실일까? 이 가설은 사실이다. 만약 당신의 챗봇이 고객이 원하는 것을 처리할 수 있다면, 땀 한 방울 흘리지 않고 수십만 고객의 질문을 동시에 처리할 수 있다. 고객 서비스 담당 직원이 다른 민원을 처리하느라 바쁠 때에도, 고객은 기다리지 않아도 된다.
- **비용**^{Cost}: 의심할 여지 없이 정말 큰 비용을 절약할 수 있다. 누가 비용 절감을 거부할 것인가? 챗봇의 비용 절감을 직접 확인한다면, 절대 싫어할 수 없을 것이다.
- **통찰력**^{Insights}: 판매 담당자는 모든 고객의 특징을 일일이 기억할 수 없기에, 그 특징을 통해 고객이 원하는 것을 찾아내는 통찰력 또한 기대할 수 없을 것이다. 그러나 챗봇은 머신러닝과 데이터 과학이라는 최신 기술을 이용하여 사람이 할 수 없는 그 일을 해낼 수 있다.

수익을 창출하는 챗봇

챗봇이 여러 비즈니스에 많은 수익을 창출한다는 사실이 증명되고 있다. 그리고 챗봇을 지원하거나 구축하는 사업 역시 다른 유사 업종에 비해 시장에서 선전하고 있다. stanfy.com의 블로그 포스트에 따르면, 페이스북에 챗봇이 도입되고 처음 두 달 동안 1-800-Flowers.com 메신저 주문의 70% 이상이 신규 고객들로부터 주문되었다고 보고했다.

이러한 신규 고객들은 기존 고객들의 연령층에 비해 매우 젊은, 페이스북 메신저에 이미 익숙한 세대들이었고, 이들로 인해 연간 수익이 크게 증가하였다.

> "챗봇의 가장 큰 부가가치 중 하나는 잠재 고객을 창출하기 위해 챗봇을 사용할 수 있다는 것이다. 챗봇 메신저를 통해 그들의 관심이 집중되는 포인트를 바로 알 수 있고, 그에 알맞은 최신 제품, 서비스 또는 상품을 제시할 수 있다. 또한 제품/서비스를 구매할 때, 챗봇 안에서 지급과 관련된 모든 프로세스를 한 번에 처리할 수 있다. 1-800flowers. com, eBay, Fynd에서 이미 증명된 구매 방식이다."
>
> – Julien Blancher, 공동 창업자 @Recast.AI

ChatbotsLife의 창업자인 Stefan Kojouharov의 기고문에서, 그는 챗봇이 있는 회사가 없는 회사보다 얼마나 많은 수익을 올리고 있는지에 대해 언급하고 있다. 그는 "전자상거래 공간은 빠르게 수익을 올릴 수 있는 다양한 방법으로 챗봇을 사용하기 시작했다"고 말했다. 수익 창출에 성공한 실제 사례들을 한번 살펴보도록 하자.

- **1-800-Flowers**: 메신저로 주문한 매출의 70% 이상이 신규 고객이라고 밝혀졌다.
- **Sephora**: 페이스북 챗봇 메신저를 통해 메이크업 예약이 11% 증가하였다.
- **Nitro Cafe**: 간편한 주문과 결제, 고객과 점원 간 즉각적인 소통을 위해 도입된 챗봇 메신저로 인해 20% 가까이 매출이 상승하였다.
- **Sun's Soccer**: TV 축구 중계를 보고 있는 사람들 중 약 50%를 Sun's Soccer 사이트에 접속하도록 만들었다. 이 중 43%는 가장 결정적인 순간에 해당 사이트에 접속하였다.
- **Asos**: 메신저 챗봇을 도입하여 주문량이 300% 증가되었고, 소비 수익률은 250%로 3.5배까지 올랐다.

그림 1-2는 챗봇과 수익이 밀접하게 관련되어 있음을 설명한다. 그림을 보며 조금 더 알아보도록 하자.

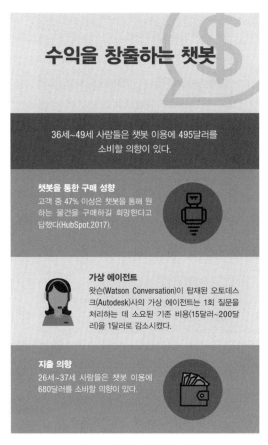

그림 1-2 수익을 창출하는 챗봇

챗봇의 사용 현황 살펴보기

챗봇의 유용성과 효율성이 실제 소비자들에게 얼마나 도움을 주었는지 살펴보도록 하자. IT 시대의 모든 사람들은 매사에 좀 더 빠르기를 원하는데, 챗봇을 사용하면 더 쉽고 빠르게 일을 처리할 수 있다. 챗봇은 사용자들에게 맞춤형이 되어가므로[3] 같은 동작(대답)을 항상 반복하지 않는다. 이것은 전통적인 소프트웨어의 사용 방식과 많이 다르다. 그림 1-3은 챗봇 사용 현황에 관한 꽤 많은 정보를 포함하고 있다.

---

3 역주 머신러닝을 통한 학습 과정을 통해

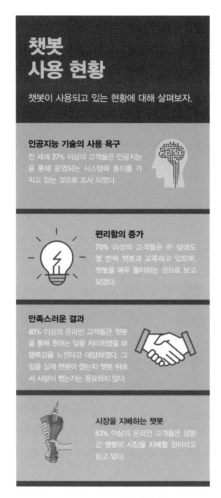

그림 1-3 챗봇의 사용 현황

챗봇을 선호하는 소비자들

오늘날 챗봇은 단순한 소프트웨어를 넘어, 마치 개인 비서처럼 이용자들을 이해할 수 있도록 매우 미세하게 구현된 프로그램이다. 그들은 사용자가 좋아하는 것과 싫어하는 것을 기억하고, 한 번 학습한 것은 절대 잊어버리지 않으며, 사람들을 실망시키는 일이 거의 없으므로 많은 이들에게 사랑을 받고 있다. 누군가를 만날 때 기존의 소프트웨어와 최신의 챗봇 중에 어느 것을 선호하는지 한번 물어보아도 그 사실을 알 수 있을 것이다. 그림 1-4는 사람들과 교감할 수 있는 챗봇이 다른 소프트웨어보다 사랑받고 있는 이유에 대해 구체적으로 설명한다.

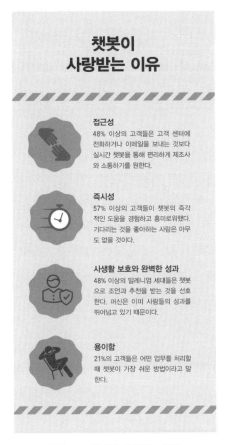

그림 1-4 챗봇이 사랑받는 이유

다음 절에서는 챗봇이 특히 이제 막 개발을 시작하는 이들에게 왜 중요한 소프트웨어인지 알아볼 것이다. 사실 초급, 중급 개발자뿐만 아니라 어떠한 기업에 속한 숙련된 개발자라고 할지라도 챗봇 구축을 통해 무엇을 할 수 있는지 이해하는 것은 중요한 일이다.

1-3-2 개발자 관점에서의 챗봇

아마도 새로운 기능을 사용하기 위하여 PC 혹은 모바일의 운영체제를 업데이트하거나, 모바일에 설치된 애플리케이션을 업데이트해야만 할 때 번거로움을 느낀 적이 있을 것이다. 만약 업데이트 없이 새로운 기능을 이용할 수 있다면 어떨까? 아니면 수많은 애플리케이션에서 수행되는 기능들이 단 하나의 앱App에서 된다면 어떨까?

챗봇을 만드는 것은 개발자들에게 굉장한 즐거움일 것이다. 마치 아이에게 걷기, 말하기, 해동하기 또는 무언가를 하도록 가르치는 일과 같다. 점점 더 똑똑하게 만들고 스스로 생각하고 행동할 수 있게 만드는 그 일을 좋아하지 않을 수 없다. 따라서 개발자들에게 챗봇이란 매우 중요한 존재이다.

신기능 배포와 버그 수정

애플리케이션을 업데이트하는 번거로움 없이 새로운 기능들을 챗봇에 추가할 수 있다. 새로운 버전의 앱을 배포하였는데 버그가 발견된 경우, 버그를 수정하고 앱 스토어App Store에 승인을 요청하고 마지막으로 사용자가 다시 업데이트하기까지 기다려야 하는 매우 고통스러운 과정이 필요하다. 만약 사용자가 업데이트하지 않는다면, 그들은 계속 이슈를 제기할 것이고 결국 해당 애플리케이션을 사용하는 모든 사람들의 생산성 저하로 이어질 것이다. 하지만 챗봇은 모든 것이 API를 기반으로 수행된다. 버그가 발견되면 수정하고 적용한 이후, 사용자가 무사히 변경된 기능을 사용하게 되는 것을 바라보기만 하면 된다. 또한 사용자로부터 버그가 발견되어 보고되는 시간도 상당히 절약된다[4].

레스토랑을 검색하는 챗봇을 구축하였고, 이후에 호텔과 비행기 등을 검색 대상에 추가하고 싶다고 상상해 보자. 챗봇 개발자는[5] 그저 추가 기능을 개발하여 적용하면 되고, 사용자들은 추가된 기능의 정보들을 검색하면 된다.

이번엔 페이스북 메신저에 챗봇을 구축한다고 가정해 보자. 개발자는 백 엔드[6]에서 사용자가 페이스북 앱에서 보는 거의 모든 것을 인터페이스를 통해 제어할 수 있다. 예를 들어 사용자가 '예/아니오'라고 말하는 것을 클릭으로 처리할지, 아니면 직접 입력하게 할지를 챗봇이 선택할 수 있다.

챗봇 개발의 수요

전 세계 개발자 중 54%기 2016년에 처음으로 챗봇 개발을 시작했다. 간단한 동작을 하는 챗봇을 필요로 하는 기업들이 매우 많아졌고, 그 기업들은 챗봇 개발이 가능한 개발자를 열심히 찾고 있다. 독자들이 이 책의 챕터3을 완전히 이해하고 나면, 챗봇을 구현하여 필요한 회사에

---

4   역주 챗봇은 앱 스토어에서 배포되는 여러 가지 애플리케이션과 연결되어 API로 기능을 제공하기 때문에, 챗봇이 수정된다면 수정된 기능을 그저 API로 제공만 하면 된다.

5   역주 앱 스토어 승인 등의 절차 없이

6   역주 backend. 사용자가 이용하는 프로그램(프런트 엔드, frontend)과 분리되어, API 등을 통해 필요한 기능을 해당 프로그램에게 제공하는 서버라고 이해하면 좋을 것 같다.

팔 수 있을 것이라고 확신한다. 또한 특정 영역에 챗봇을 새롭게 선보이며, 자신만의 스타트업을 시작할 수도 있다. 챗봇은 매우 새로운 기술이므로 시장에서의 급여 또한 아주 높은 수준이다.

챗봇의 수요가 증가한다는 사실은, 페이스북과 같은 개발 플랫폼에 구축되고 있는 챗봇의 수에서도 알 수 있다. 페이스북의 메신저 플랫폼은 월평균 10만 개의 활성화된 챗봇을 보유하고 있다. 그리고 놀랍게도 메신저 사용자는 2015년 4월 6억 명, 2016년 6월 9억 명, 2016년 7월 10억 명, 2017년 4월에는 12억 명으로 증가하였다.

학습 곡선

이 책을 읽는 독자들의 배경(프런트 엔드/백 엔드, 초/중/고급 프로그래머 등)과 관계없이, 챗봇을 배우고 학습한다는 것은 엄청난 가능성을 의미한다. 왜냐하면 기존에 몰랐던 많은 것들에 대해 배울 수 있기 때문이다. 그중 한 가지가 사람과 컴퓨터 사이의 인터페이스를 위한 디자인과 기술을 다루는 인간-컴퓨터 상호작용Human Computer Interaction이다. 또한 구글 API, 트위터 API, 우버Uber API와 같은 API를 사용하는 방법과 이를 통해 웹 서비스를 구축하는 방법을 학습할 수 있고, 자연어 처리Natural Language Processing, 머신러닝, 소비자 행동 분석 등과 같은 기술/비기술적인 수많은 내용도 배울 수 있다.

1-4 챗봇의 영향을 받을 산업

챗봇으로 가장 큰 혜택을 받을 업종에 대해 잠깐 살펴보도록 하자. Chatbots Journal[7]과 연계한 Mindbowser[8]의 연구에서 온라인 소매, 항공, 물류, 공급망, 전자상거래, 고객 서비스, 교육, 기술, 제조, 마케팅 & 광고 등 다양한 산업에서 참여한 300명 이상의 개인으로부터 데이터를 수집했다. 그림 1-5의 차트를 보면, 전자상거래, 보험, 의료, 소매업 등이 챗봇의 혜택을 가장 많이 받는 산업이라는 것이 분명해 보인다. 이러한 산업은 고객 관리팀에서 얼마나 효율적인 방식으로 시간을 절약할 수 있게 일을 처리하는지에 따라 성패가 크게 좌우된다. 그리고 챗봇이 바로 그러한 것들을 매우 잘한다는 사실을 고려하면, 이 업종이 챗봇을 두 팔 벌려 환영할 것임이 매우 분명해 보인다.

---

7   역주 챗봇에 관련된 기술을 배우고 정보를 공유하는 플랫폼
8   역주 IT 솔루션 기업

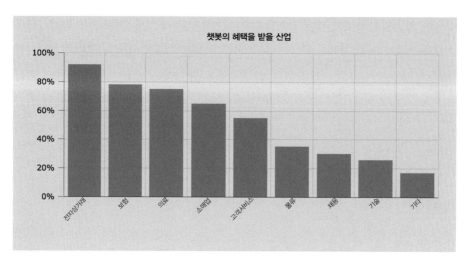

그림 1-5 챗봇의 혜택을 가장 많이 받을 상위 업종

현시점에서도 챗봇은 새로운 분야에서 여러 가지 형태로 여전히 인기를 얻고 있다. 앞으로 5~10년은 챗봇이 아직 적용되지 않은 분야에도 확산될 것인지가 결정될 매우 중요한 시간이 될 것이다.

1-5 챗봇의 간략한 타임라인

챗봇이 지금까지 어떻게 형성되어 왔는지 타임라인을 통해 간단히 살펴보도록 하자. 챗봇이라는 기술이 어디에서 시작이 되었고 어떻게 발전했는지를 알아보는 것은 매우 중요한 일이다. 챗봇은 최근에서야 큰 인기를 얻게 되었지만, 해당 기술에는 수십 년간에 걸친 많은 사람들의 노력이 들어 있다. 챗봇의 역사를 살펴보면 처음 시작된 이후로 얼마나 많이, 또 멀리 왔는지 놀라게 될 것이다.

1950

튜링 테스트Turing test가 Alan Turing에 의해 개발되었다. 그것은 인간과 동등한 혹은 구별하기 어려운 지능적인 기계Machine의 능력에 대한 테스트였다.

1966

최초의 챗봇인 Eliza가 Joseph Weizenbaum에 의해 발명되었으며, 그것은 치료사therapist

가 되기 위해 설계되었다. 챗봇이 사용자들에게 종종 이해할 수 없는 답변을 하게 만들었던 Pattern Matching과 Substitution Methodology라는 방법으로 구현되었다.

1972
정신과 의사이자 스탠포드 과학자 Kenneth Colby의 프로그램인 Parry는 편집증적인 정신분열증 환자의 행동을 모델로 삼았다.

1981
Jabberwocky 챗봇은 영국의 프로그래머 Rollo Carpenter에 의해 만들어졌다. 이 챗봇의 목적은 "흥미롭게, 재밌게, 유머러스한 방식으로 자연스러운 인간의 대화를 모방하는 것"이었다.

1985
무선 로봇 장난감인 Tomy 챗봇은 테이프에 녹음된 모든 메시지를 따라한다.

1992
Creative Labs가 만든 MS-DOS 운영체제에서 동작하는 챗봇인 Dr. Sbaitso는 디지털화된 목소리로 마치 본인이 심리학자인 것처럼 사용자와 대화했다. 사용자가 계속 입력을 잘못하거나 욕설을 할 때는 "PARITY ERROR"라는 메시지와 함께 대화를 중단하고 리셋되었다.

1995
A.L.I.C.E Artificial Linguistic Internet Computer Entity는 노벨상 수상자인 Richard Wallace에 의해 개발되었다.

1996
Jason Hutchens가 개발한 Hex는 Eliza에 기반을 두고 있으며 1996년에 Loebner 상을 수상했다.

2001
ActiveBuddy가 개발한 지능형 챗봇인 Smarterchild는 메신저와 SMS 프로그램에 널리 배포되었다. 처음 시장에 선보인 이후, 뉴스 날씨, 주식 정보, 영화 시간, 전화번호부, 스포츠 정보 및 다양한 도구(개인 비서, 계산기, 번역기 등)에 즉시 접근할 수 있는 형태로 빠르게 성장하였다.

2006

Watson의 아이디어는 저녁 식사 때 떠올랐는데, 그것은 TV 쇼 "Jeopardy"에서 게임을 하기 위해 고안되었다. 첫 번째 게임에서는 15%의 정답률을 기록했지만, 이후에는 사람들을 대상으로 꾸준히 이길 수 있도록 발전되었다.

2010

지능형 개인 비서인 Siri는 아이폰 앱으로 먼저 출시된 후 운영체제인 iOS의 일부로 통합되었다. Siri는 국제 인공지능 센터의 스핀아웃[9]이다. Nuance Communications가 제공한 음성 인식 엔진은 첨단 머신러닝 기술을 이용하여 동작한다.

2012

구글은 Google Now 챗봇을 출시했다. 초기 코드명은 Gene Roddenberry의 부인이자 Star Trek에서 컴퓨터 음성으로 잘 알려진 Majel Barrett의 "Majel"이었다(assistant라고도 불리었다).

2014

아마존은 Alexa를 출시했다. "Alexa"라는 단어에 포함된 알파벳 X가 명확하게 발음하는 데 도움이 되어 사람들에게 분명하게 인식될 수 있으므로, 아마존은 그 이름을 선택하였다.

2015

마이크로소프트가 만든 가상 비서 Cortana는 검색엔진 빙Bing의 정보를 이용하여 리마인더를 설정할 수 있고 음성을 인식해 질문에 대답할 수 있다. Cortana는 비디오 게임 시리즈인 Halo의 가상 인조 캐릭터 이름을 따서 명명되었다.

2016

페이스북Facebook은 사용자와 소통하는 챗봇을 개발할 수 있는 API가 포함된 메신저용 봇 플랫폼을 2016년 4월 발표했다. 그리고 지속적으로 기능이 향상되어, 그룹 참여, 화면 미리보기 그리고 메신저의 카메라 기능을 이용하여 사용자를 봇과 바로 연결할 수 있는 QR 스캔 등이 가능해졌다.

구글은 2016년 5월 개발자 콘퍼런스에서 아마존 에코Amazon Echo의 경쟁 제품인 음성인식 봇 구글 홈Google Home을 공개했다. 사용자는 구글 홈과 대화하며 다양한 서비스를 받을 수 있다.

---

9   역주 spin-out, 한 기업의 특정 업무를 별도 회사로 분리하는 형태

2017

Woebot은 사용자들의 기분을 모니터하고, 학습하여 더 좋게 만드는 자동화된 대화 에이전트이다. Woebot은 자연어 처리 기술, 심리학적 전문기술 **인지행동치료**CBT, Cognitive-behavioral therapy, 뛰어난 언어 및 유머 능력을 모두 조합하여 우울증을 치료한다.

1-6 챗봇을 통해 해결할 수 있는 문제는 무엇일까?

봇의 능력 범위를 모른다거나, 사용자들의 모든 질문에 답할 수 있는 챗봇을 원한다면 위 질문에 답하는 게 매우 어려워진다.

챗봇이 할 수 있는 일에는 한계가 있다는 걸 기억하는 것은 매우 중요한 일이다. 엄청나게 지능적인, 마치 사람과 같은 챗봇과 대화하고 있다고 느껴지지만, 하나의 봇은 단지 정해진 문제를 해결하기 위해 특정 방식으로 행동하도록 설계되고 학습될 뿐이다. 적어도 현재 시점에서는 모든 걸 해낼 수는 없다(그러나 미래는 분명히 밝다).

따라서 챗봇을 개발하기 전에 우리는 챗봇을 통해 해결하고자 하는 문제가 적당한지 그리고 그것을 중심으로 개발이 가능한지를 스스로 질문해야 한다.

만약 "그렇다"라고 대답할 수 있다면 개발을 시작해도 좋을 것이다.

1-6-1 간단한 질문과 대답으로 해결할 수 있는 문제인가?(아니면 수많은 대화가 필요한 문제인가?)

새로운 어떤 문제를 접했을 때, 그게 무엇이든 전부 해결하기 위해 노력해서는 안 된다. 풀고자 하는 문제의 범위를 제한적으로 유지해야만 한다. 일단 아주 기본적인 기능부터 구축하고, 차근차근 그 위에 부가 기능들을 추가하는 방식으로 진행하는 것이 좋다. 한 번에 복잡한 모든 것을 구현하려 하지 말아야 한다. 그러한 방식은 소프트웨어 개발에 적절하지 않다.

마크 저커버그Mark Zuckerberg가 페이스북Facebook의 모든 기능을 처음부터 한 번에 구축하려고 노력하는 모습이 상상되는가? 친구에게 태그[10] 달기, 댓글의 좋아요 버튼, 라이브 비디오, 댓글의 리액션 등의 여러 기능들은 페이스북이 플랫폼에 등록된 100만 명이 넘는 사용자들에게 자금을 지원받았을 때도 존재하지 않았다. 이런 기능들을 먼저 구축한 다음 플랫폼을 출시했

---

10   역주 Tag, 게시물에서 누군가를 태그하면 해당 인물의 프로필로 연결되는 링크가 생성되고 상대방의 타임라인에도 이 게시물이 추가된다. (출처: 페이스북)

다면 과연 성공했을까? 그래서 우리는 항상 무언가를 지나치게 설계할 필요 없이 오직 현재에만 필요한 특징들을 만들어내려고 노력해야 한다.

자, 첫 번째 질문으로 돌아와서 "간단한 질문과 대답으로 해결할 수 있는 문제인가? 아니면 수많은 대화가 필요한 문제인가?"

답을 하기 위해 한계를 정하자. 그러면 "그렇다"라고 대답할 수 있다. 우리는 확실히 복잡한 문제에 대하여 제한을 두지 않고, 한 번에 해결하려는 경향이 있다.

> "모든 세부사항들에 대해 완벽을 기해야 한다. 그리고 세부사항의 수를 반드시 제한해야 한다."
>
> — Jack Dorsey

1-6-2 정보를 반복적으로 검색하거나 분석해야 하는 문제인가?

사업적 그리고 개발자 관점에서, 챗봇의 목적은 사람들을 보다 효율적이고 생산적으로 만들어 주는 것이므로 이 질문은 매우 중요하다. 왜냐하면 사용자들이 반복적으로 해야만 하는 일들을 대신 함으로써 그렇게 할 수 있기 때문이다.

챗봇은 분명 반복적인 것을 자동화하는 데 사람보다 뛰어난 능력을 갖고 있다. 그리고 한 가지 기억할 점은, 동일한 문제에 대하여 대부분의 챗봇은 누군가 지시한 대로 해결("By Supervised Learning"을 참고할 것)하기도 하지만, 스스로 학습("By Un-supervised Learning"을 참고할 것)하여 문제를 풀기도 한다는 것이다.

1-6-3 챗봇의 태스크가 자동화되고 고정될 수 있는가?

단지 공부하기 위해 챗봇을 만드는 게 아니라면, 챗봇이 해결하려는 문제가 자동화될 수 있도록 노력해야 한다. 기계들은 스스로 배우고 행동하기 시작했지만, 여전히 매우 초기 단계다. 지금 자동화할 수 없다고 생각하는 것은 몇 년 안에 자동화될 수도 있을 것이다.

1-7 QnA 챗봇

챗봇 구축을 통해 해결하려는 문제의 대표적인 예제는 QnA^{Question and Answer}(질문하고 답하기)일 것이다. 어떤 웹 사이트의 FAQ^{Frequently Asked Questions}(자주 물어보는 질문) 페이지에 존재하는 답변들에 대한 사용자의 다양한 형태의 질문들을 이해할 수 있도록 학습된 챗봇을 생각해 보자.

이 문제는 앞에서 언급한 챗봇이 해결할 수 있는 문제인가에 대한 질문에 "그렇다"라고 답할 수 있을 것이다.

그림 1-6을 통해 FAQ 챗봇이 하는 일을 살펴보자.

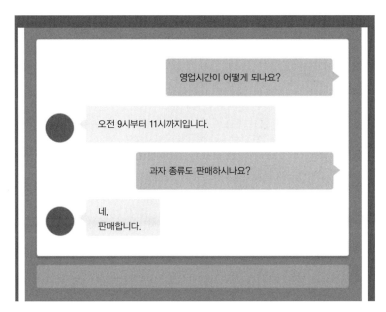

그림 1-6 FAQ 챗봇 예시

QnA 봇이 처리해야 하는 문제들은 고객들이 전화를 걸어서 물어보거나 웹 사이트에 방문해서 페이지를 검색하여 찾을 수 있는 매우 반복적인 질문일 뿐이다.

만약 우리가 이런 챗봇을 가지고 있고, 위와 같은 질문에 마치 사람처럼 매우 빠르게 답해주고, 심시어 예상보다 더 잘 대응한다고 생각해 보자. 그것은 챗봇이 할 수 있는 것의 아주 일부분일 뿐이다.

그렇다면 이제 QnA 챗봇이 앞에서 언급한 챗봇 개발 관련 세 가지 질문의 어디에 해당하는지(그렇다 혹은 아니다) 확인해 보자.

- 간단한 질문과 대답으로 해결할 수 있는 문제인가?

그렇다, FAQ는 단순하게 자주 묻는 질문과 그와 관련된 답변일 뿐이다. 문맥에 따라 다르게 해석될 소지는 있지만, 챗봇은 일반적으로 특정한 분야에 적용되므로 문제될 것이 없다. 또한 유사한 질문들로 인해 혼란스러울 수도 있지만, 이럴 땐 사용자에게 질문하여 확인하도록 챗봇을 설계하면 된다.

- 정보를 반복적으로 검색하거나 분석해야 하는 문제인가?

그렇다, FAQ는 데이터베이스의 정보를 가져와 가능한 역동적으로 웹 사이트에 게시되어야 한다. 그러나 아무리 잘 구성되어 있어도, 사용자는 자신이 찾고 있는 답을 발견하기 위해 모든 질문을 하나씩 검토해야만 할 것이다. 웹 사이트의 수많은 UI를 구석구석 꼼꼼하게 돌아다녀야만 마침내 답을 찾아낼 수 있다(때로는 찾지 못할 수도 있다). 따라서 이런 일은 챗봇이 하도록 내버려 두자!

- 챗봇의 태스크가 자동화되고 고정될 수 있는가?

그렇다, FAQ 봇은 질문을 받아 분석하고, 알맞은 답변을 데이터베이스에서 가져와 사용자에게 돌려주어야 한다. 그리고 이것들은 모두 구현이 가능한 태스크이며, 고정되어 변하지 않을 것이다.

1-8 챗봇과 함께 시작하기

챗봇을 만들기 전에 해야 할 세 가지 단계가 있다. 단계별로 간단히 살펴보자.

1. 챗봇이 수행하길 원하는 태스크 혹은 시나리오를 모두 생각하고, 사용자가 그 태스크를 요청할 수 있는 모든 다른 형태의 관련 질문을 수집해야 한다. 챗봇이 수행하길 원하는 그 태스크는 인텐트[11]라는 형태로 정의된다.

2. 수집한 모든 질문(인텐트)들은 사용자가 어떻게 표현하느냐에 따라 여러 가지 형태의 모습을 갖고 있다. 예를 들어, "Alexa 불 꺼", "Alexa 불 좀 꺼줄래?", "Alexa 불 좀 꺼주세요" 등과 같은 모습이다. 사용자는 이 문장들 중 하나를 사용하여 봇에게 전등을 끄도록 지시할 수 있다. 이 모든 것들은 불을 끄려는 인텐트/태스크는 동일하지만, 다른 어티런스[12]로 질문될 수 있다.

3. 사용자의 인텐트[intent]를 인식한 후 어떤 일들이 일어나야 하는지에 대한 논리적 흐름을 정하여야 한다. 예를 들어, 병원 예약을 위해 봇을 만들고 있다고 가정해 보자. 챗봇이 인텐트를 인식한 이후 사용자에게 예약을 위한 전화번호, 이름, 원하는 의사 등을 알려달라고 할 것이고, 사용자가 답변을 하면 가능한 시간을 알려주고 예약을 진행할 것이다.

---

11 역주 intent, 26페이지의 용어 정의를 참고한다.

12 역주 utterances, 27페이지를 참고한다.

위의 경우는 챗봇이 말하는 모든 내용을 사용자가 이해한다고 가정한 것인데, 실제로는 챗봇이 제시한 예약 시간에는 사용자가 맞출 수 없는 등의 예상하지 못한 일들이 발생할 수 있다. 그러나 현시점에서는 아직 크게 다룰 문제는 아니므로, 가능한 시간과 자원을 고려하여 적정한 챗봇의 개발 범위를 결정하는 문제로 다시 돌아가도록 하자.

1-9 챗봇에서의 결정 트리(Decision Trees)

결정 트리Decision Trees에 대해 이미 알고 있는 독자라면, 챗봇의 흐름을 디자인할 때 해당 지식이 자주 사용되므로 쉽게 이해할 수 있을 것이라 생각된다. 만약 결정 트리에 대하여 들어본 적이 없다면, 컴퓨터 과학에 널리 사용되는 해당 지식의 개념을 파악하기 위하여 인터넷 검색 등을 통해 먼저 살펴볼 것을 권장한다.

1-9-1 챗봇에서 결정 트리(Decision Trees) 사용하기

결정 트리는 챗봇의 문맥 속에서 사용자 질문의 정확한 답을 찾는 데 도움을 줄 수 있다.

> "이것은 의사 결정을 지원하는 하나의 도구로서, 예상되는 결과들의 가능성, 비용, 그리고 사용 범위 등을 트리 형태의 그래프 혹은 결정 모델을 통해 나타낸다. 또한 조건부 제어문을 포함하는 알고리즘을 표현하는 한 가지 방법이다." – Wikipedia

챗봇을 만들 때 가장 어려운 부분은 if...else 코드를 추적하는 것이다. 결정해야 하는 사항이 많을수록 if...else 코드가 자주 나오게 되는데, 이러한 코드들은 복잡한 대화의 흐름을 표현하기에 알맞게 인코딩될 필요가 있다. 대화가 복잡하여 많은 if...else문이 필요할수록 코드의 조정이 반드시 필요하다.

1-9-2 결정 트리가 어떻게 도움이 되는가?

결정 트리는 사용하고 이해하는 것이 어렵지 않음에도 불구하고, 어떤 문제를 해결하기 위한 강력한 수단이 될 수 있다.

- 주어진 문제에 대한 전체 그림을 볼 수 있다. 결정 트리를 보면 무엇이 누락됐는지, 무엇이 수정되어야 하는지 쉽게 이해할 수 있다.

- 디버그 속도가 향상된다. 결정 트리는 마치 작은 성경책과도 같고, 소프트웨어 개발 요건이 정의된 스펙 문서와도 같다. 따라서 개발자, 제품 관리자, 의사결정을 통해 행동의 변화가 필요한 지도자 등 많은 이들에게 도움이 될 수 있다.
- 인공지능^AI이 아직은 수많은 데이터를 스스로 학습하여 100%의 성능을 발휘할 수 있는 단계는 아니다. 여전히 많은 부분에서 비즈니스 로직과 룰^rule에 대해 사람의 손으로 직접 정의해야 한다. 결정 트리는 이와 같이 기계^machine가 무언가를 학습하고 수행하며 어려운 부분들이 있을 때 도움이 될 수 있다.

간단한 예를 들어 결정 트리가 챗봇을 만드는 데 어떤 도움이 되는지 이해해 보자. 사용자가 티셔츠를 찾고 있는지 청바지를 찾고 있는지에 대한 질문으로 시작하는 챗봇의 예제 도표를 보자. 사용자가 질문을 하면 할수록 결정할 수 있는 옵션이 주어지며 다이어그램이 계속 나아가게 된다. 본격적인 의사결정 트리를 만들 필요는 없지만, 챗봇 구현을 시작하기 전에 반드시 모든 단계에서 정의된 질문의 흐름이 있어야 한다.

사람들이 온라인에서 의류를 사는 것을 돕는 챗봇을 만들고 있었다고 가정해 보자. 가장 먼저 해야 할 일은 챗봇이 적절한 시간에 적절한 질문을 하도록 돕기 위해 유사한 결정 트리나 흐름도를 만드는 것이다. 이것은 각 단계의 범위와 그 단계에서 해야 할 일을 설정하기 위해 정말로 필요하다. 나중에 실제로 첫 번째 챗봇을 코딩할 때 상태별 다이어그램이나 간단한 흐름도가 필요할 것이다. 그림 1-7과 같은 다이어그램을 만들 때 처음부터 너무 복잡하지 않도록 주의해야 한다. 가능한 단순하게 유지한 다음 나중에 확장된 기능을 추가하는 것이 바람직하다. 이러한 프로세스의 이점은 개발 시간이 단축되고 기능들이 서로 덜 연관되므로, 하나 하나가 각각의 구성 요소로 이해되기 시작한다는 것이다. 예시와 같이 기본 기능을 생성한 후에는 색상, 가격 범위, 등급 및 할인 옵션도 추가할 수 있다.

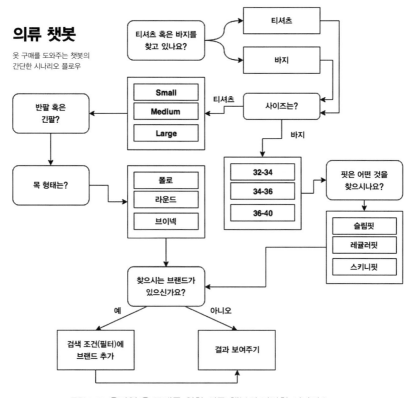

의류 챗봇

옷 구매를 도와주는 챗봇의
간단한 시나리오 플로우

그림 1-7 온라인 옷 구매를 위한 의류 챗봇의 간단한 시나리오

요구 사항에 따라 위의 시나리오에 추가할 것들이 더 있겠지만, 주의해야 할 것은 사용자뿐만
아니라 개발자에게도 너무 복잡하게 만들지 않도록 해야 한다는 점이다.

결정 트리는 사용자가 시나리오 자체에 너무 얽매이지 않도록 도와줄 뿐만 아니라, 고객의 다
음 인텐트(다음에 질문할 내용)를 식별하는 데에도 매우 효과적인 방법이다.

챗봇은 구현된 결정 트리에 따라 일련의 대화를 이어 나갈 것이고, 각각의 노드는 챗봇 인텐
트를 통해 (고객의 요청에 답을 하며) 목표에 점점 접근하게 된다.

예를 들어, 사용자 요청에 따라 본인 인증 후 송금할 수 있는 금융 기관을 위한 챗봇을 만들고
있었다고 가정해 보자. 이 경우, 챗봇은 먼저 계좌의 세부사항을 확인하고 사용자에게 금액
확인을 요청할 수 있으며, 계속해서 송금 대상 계좌 이름, 계좌 번호, 계좌 유형 등에 대해 물
어볼 것이다.

만약 사용자로부터 요청받은 송금 금액이 계좌 잔액보다 큰 경우에는, 다음 프로세스인
OTP^one-time password API 호출을 수행하지 않고 사용자에게 적절히 안내되어야 한다.

만약 이러한 예외상황에 대하여 챗봇이 제대로 대처하지 못한다면, 사용자가 자신의 요청을 정정할 수 없을지도 모른다. 그러나 결정 트리를 사용한다면, 이러한 예외상황에 더 잘 대처하는 챗봇을 구현할 수 있다.

개발 중에 발생한 어떠한 이슈를 처리할 때, 우리는 대부분 작성한 프로그램에서 오류를 찾아 해결하려고 노력한다. 그러나 이러한 방식으로 문제를 풀 수 없을 때에는 설계를 통해 해결할 수는 없을지 반드시 검토해야 한다.

약을 먹는 것이 모든 문제를 해결할 수 있는지에 대하여 설문을 진행하는 그림 1-8의 챗봇을 살펴보자.

그림 1-8 설계를 통한 문제 해결의 예시

사용자로부터의 답변이 참 또는 거짓인 경우에는 대화를 입력받고 예외 처리를 구성하는 것보다 '예/아니오' 두 개의 버튼만을 제공하여 예외상황을 아예 만들지 않는 것이 유리하다.

이렇게 하면 코드를 작성하지 않고, 설계만으로도 예외적인 상황을 효과적으로 처리할 수 있다. 챗봇을 구현하다 보면 이와 같이 버튼을 제공하는 것만으로도 사용자의 인텐트를 빠르게 파악할 수 있는 다양한 시나리오를 접하게 될 것이다. 알맞은 버튼을 제공한다는 것은 예외 처리를 할 수 있다는 장점과 더불어 사용자에게도 굳이 타이핑할 필요 없이 원하는 답변을 편리하게 선택할 수 있다는 장점이 있으므로 적극 활용할 것을 권장한다.

1-10 챗봇/봇 개발 프레임워크 추천 사이트

- https://woebot.io/
  - (챗봇을 통해 사용자의) 기분 추적 가능
  - (챗봇을 통해 사용자가) 기분이 좋아지도록 도와줌
  - (챗봇을 통해 사용자의) 기분 패턴을 확인하고 통찰력을 얻을 수 있음
  - (챗봇을 통해 사용자가) 긍정적이고 에너지 넘치게 하는 법 제공

- https://qnamaker.ai/
  - FAQ, URL 및 구조화된 문서를 기반으로 한 간단한 질의−응답 챗봇을 몇 분 만에 구현, 학습하고 배포할 수 있음
  - 익숙한 채팅 인터페이스를 사용한 응답 테스트 및 세분화

- https://dialogflow.com/
  - 챗봇 마니아들 사이에서 널리 알려진 api.ai
  - AI로 구동되는 음성 및 텍스트 기반 대화 인터페이스를 구축하여 제품과 상호작용하는 새로운 방법을 제공
  - 구글 Assistant, 아마존 Alexa, 페이스북 메신저와 같은 다양한 플랫폼과 연동됨
  - 사용자가 입력한 대화의 인텐트를 효과적으로 분석하여 이해할 수 있음

- https://rasa.com
  - 대화 소프트웨어 구축을 위한 프레임워크
  - 챗봇이 할 수 있는 행동을 파이썬 코드로 구현 가능
  - 챗봇의 응답 논리는 if...else를 통해서가 아닌, 대화 예시를 통해 학습된 확률론적 모델에 기초한

- https://wit.ai
  - 이 사이트를 통해 대화 혹은 메시지 기능을 수행하는 애플리케이션 혹은 제품을 쉽게 개발할 수 있다.
  - 출시된 지 21개월 만에 페이스북에 인수된 wit.ai 팀은 페이스북 자체 자연어 처리 엔진을 구축하였다.

- wit.ai를 이용하여 챗봇, 스마트 홈^{home automation} 등을 개발할 수 있다.

- wit.ai는 Dialogflow의 동작 방식과 유사하지만 Dialogflow만큼 기능이 많지는 않다.

- 처음에 Dialogflow가 유료일 때 wit.ai는 무료였기 때문에 사용하기 시작하였다. 현재는 Dialogflow 또한 무료이다.

- https://www.luis.ai/

  - 챗봇, 앱^{App}, IoT 장치들에 자연어 처리를 탑재한 머신러닝 기반의 서비스

  - 지속적으로 개선되는 엔터프라이즈급 맞춤형 모델을 신속하게 생성

- http://botkit.ai

  - 시각적 대화^{visual conversation}의 구현

  - 통계와 메트릭 기본 제공

  - 페이스북, 마이크로소프트, IBM Watson, Slack, Telegram 등과 손쉽게 통합 가능

1-11 챗봇의 구성요소와 사용되는 용어들

챗봇 시스템의 구성요소는 매우 적다. 이번 절에서는 이후에 보게 될 챗봇 구성요소들에 대해 간단히 살펴보도록 한다.

시스템을 깊게 연구하기 전에 기본적인 이론을 이해하는 것은 도움이 된다. 이 절의 내용을 살펴보면 파이썬을 이용하여 챗봇을 구축하는 데 사용되는 이론적인 기술 용어들에 대해 상당히 많은 지식을 갖게 될 것이다. 이러한 용어들은 챗봇의 실제 구축이 시작되는 후반부 챕터들에서 자주 사용될 예정이다.

1-11-1 인텐트(Intent)

사용자가 챗봇과 대화하며 원하거나/요청하는 것은 무엇일까?

예를 들어 사용자가 챗봇에 "영화표를 예매해줘"라고 말할 때, 우리는 인간으로서 그 사용자가 영화표를 예약하고 싶어 한다는 것을 이해할 수 있다. 이것이 바로 챗봇을 위한 인텐트이다. 이 경우 "book_movie" 인텐트라는 이름으로 정의될 수 있을 것이다.

또 다른 예는 사용자가 "음식을 주문하고 싶어" 혹은 "음식 주문하는 것을 도와줄 수 있어?"라고 말할 때일 수 있다. 이것들은 "order_food" 인텐트라고 이름 붙여질 수 있다. 인텐트는

이처럼 작성자가 원하는 만큼 생성하여 정의할 수 있다.

1-11-2 엔티티(Entities)

인텐트는 "엔티티Entities"라고 하는 그 인텐트와 관련된 메타데이터를 갖고 있다. "영화표를 예매해줘"의 예시에서는 "표를 예매하는 것"이 인텐트이고 "영화"가 엔티티에 해당될 수 있으며, 필요에 따라 항공편, 콘서트 등 여러 가지 주제들이 엔티티가 될 수 있다. 또한 여러 개의 인텐트에 모두 사용할 수 있는 보편적 엔티티를 정의할 수도 있다.

엔티티는 수량 혹은 부피를 나타낼 수 있으며, 한 개의 인텐트가 다수의 엔티티를 보유할 수 있다. 예를 들어 "8 사이즈의 신발을 주문해줘"라는 인텐트에서 두 개의 엔티티는 다음과 같다.

1. **종류 : 신발**
2. **사이즈 : 8**

1-11-3 어터런스(Utterances)

어터런스는 어떠한 인텐트(질문)에 대해 사용자가 다르게 말할 수 있는 여러 가지 표현들을 의미한다.

- 전등을 끄는 인텐트에 대해 얘기한 것을 기억해 보자[13]. 이것이 사용자들이 동일한 목적을 위해 어떻게 다른 말을 사용할 수 있는지를 보여주는 하나의 예이다.
- 인텐트 한 개에 최소 5개에서 최대 10개까지의 어터런스를 보유하는 것이 권장되지만, 그 외의 값을 보유할 수도 있다.

1-11-4 챗봇 학습시키기

학습train의 기본적인 의미는, 기존에 정의된 인텐트, 엔티티, 어터런스를 통해 새로운 어터런스를 분류하고 그에 따른 신뢰 점수를 제공하는 것을 말한다.

어터런스를 이용하여 시스템을 학습시킨다는 것은 지도 학습[14]이라는 것을 의미하기도 한다. 실제로 이것을 적용하는 것에 관하여 곧 배우게 될 것이다.

13　역주　'Alexa 불 꺼, Alexa 불 좀 꺼줄래?, Alexa 불 좀 꺼주세요' 등 여러 가지 표현이 있다.

14　역주　supervised learning. 지도 학습과 비지도 학습(unsupervised learning)을 검색해 보자.

1-11-5 신뢰 점수(Confidence Score)

사용자의 어터런스가 어떤 인텐트에 속하는지 확인하기 위해서, 우리가 구현한 모델은 신뢰 점수를 이용하게 된다. 이 점수는 사용자의 인텐트가 어느 분류인지를 머신러닝 모델이 얼마나 확신하는지를 나타낸다.

챕터1

챕터1에서는 챗봇과 관련된 이슈와 기본 용어들을 살펴보았다. 우리는 챗봇에 대하여 사업적 관점과 기술적 관점 둘 다 바라보아야 한다는 점을 배웠고, 또 챗봇의 역사적 발자취들을 살펴보며 그 놀라운 진화를 보았다.

챗봇이 오랜 기간 동안 어떻게 진화해왔는지, 그리고 왜 챗봇이 이 치열한 경쟁에서 기업이 성장하기 위한 필수품인지에 대해 알아보았다. 우리는 다양한 챗봇 프레임워크에 대해 배웠고 챗봇에 사용되는 용어에 대해서도 예시를 통해 알게 되었다. 이러한 용어들은 다음 챕터에서부터 사용될 것이다.

챕터1을 다 읽은 독자는 지금, 어떤 종류의 챗봇을 만들고 싶은지 그리고 그것이 만들어졌을 때 어떻게 행동할지를 아는 단계에 있어야 한다.

생각나는 것들과 그에 대한 결정 트리를 작성해 보자. 그리고 다음 챕터에서 자연어 처리 이해의 기본을 배우고 나면 바로 챗봇 구축을 시작할 수 있을 것이다.

마음에 두고 있는 것이 없어도 걱정하지 않아도 된다. 이어지는 챕터에서 배우게 될 모든 개념들을 이용해 차근차근 아주 멋진 챗봇을 만들어 볼 것이다.

이제 다음 챕터를 펼쳐보자.

CHAPTER 2

챗봇에서의
자연어 처리

Natural Language Processing for Chatbots

챗봇에서의 자연어 처리

이 챕터에서는 파이썬을 이용해 챗봇을 만드는 데 필요한 자연어 처리NLP, Natural Language Processing를 시작하고자 한다. 이제 spaCy라고 불리는 멋진 오픈 소스 라이브러리를 사용하여 NLP의 기본적인 방법과 기술을 배울 것이다. 자연어 처리의 경험이 없는 파이썬 초급 혹은 중급자라고 하더라도, 챗봇에 필요한 NLP의 전체 과정을 한 단계씩 익히게 될 것이므로 걱정할 필요가 없다. 또한 자연어 처리의 이론적인 개념뿐 아니라 실생활의 예제를 코드로 작성하고, 왜 챗봇 개발에 NLP가 필요한지 살펴볼 것이다. 자연어 처리 자체가 챗봇뿐 아니라 여러 분야에 적용될 수 있는 하나의 기술이라는 사실을 기억해 두자.

잠시 후 형태소 분석POS tagging, 어간 추출stemming, 개체 인식entitiy detection, 불용어stopwords, 의존 구문 분석dependency parsing, noun chunks와 같은 자연어 처리 관련 프로세스들을 자세히 살펴보고 단어 간 유사성을 확인해 본다. 이러한 방법들은 독자들이 작성한 시나리오를 챗봇으로 구현할 때 매우 유용하게 사용될 것이다.

이 책에서는 자연어 처리 방법 중 아주 일부분만 다루게 되므로, 각자가 구현하고자 하는 챗봇에 필요한 여러 다른 방법들을 검색하고 익혀 보면 많은 도움이 될 것이다. 본 챕터에서 사용할 SpaCy 라이브러리는 NLP 관련 지식을 확장하고 더 잘 이해할 수 있는 충분한 아이디어를 세공할 것이나. 그렇다면 이제, NLP에 대해 본격석으로 알아보도록 하자.

2-1 챗봇을 만들기 위해 자연어 처리를 알아야 하는 이유

챗봇을 만들기 위해 자연어 처리를 알아야 하는 이유에 답을 하려면, 먼저 자연어 처리에 대해 이해해야 한다.

자연어 처리NLP, Natural Language Processing는 컴퓨터가 인간의 언어를 분석하고 이해할 수 있도록 하는 인공지능의 한 분야다.

자연어 처리 혹은 **자연어 이해**NLU, Natural Language Understanding를 수행하기 위해, 우리는 관련된 많은 방법과 프로세스들을 살펴볼 것이다. 먼저 자연어 이해라고 하는 새로운 용어부터 확인해 보자.

NLU는 NLP를 구성하는 하나의 부분집합이라고 할 수 있다. NLP, 머신러닝, 딥러닝, 데이터 마이닝 등은 인공지능(스마트 기능을 탑재한 모든 컴퓨터 프로그램들을 일컫는 포괄적 단어)의 부분집합들이다.

> *"경험적으로 NLU는 사람이 자연스럽게 말하는 언어를, 기계가 이해할 수 있도록 변경하여 표현하는 것에 사용된다."*

이제, 챗봇을 만들기 위해 NLP를 알아야 하는지에 대해 알아보자. 정답은 '예, 아니오' 둘 다일 수 있다. NLP를 모른다고 해서 챗봇을 전혀 만들 수 없는 것은 아니지만, 구현하려는 챗봇의 범위가 상당히 제약될 수 있다는 의미이다. 애플리케이션의 코드양을 조정하기 힘들고 동시에 코드를 깔끔하게 작성하기도 어렵다. NLP는 챗봇이 걷거나 뛸 수 없을 때 날 수 있는 날개를 제공한다.

일반적으로 챗봇은 사람과 기계가 서로 소통할 수 있는 도구를 의미한다. 이때 사람은 자신의 언어를 음성 혹은 텍스트 형태로 챗봇에 제공하게 되는데, 이 입력값을 컴퓨터 공학에서는 자연어라고 부른다. 우리는 모든 상황에서 완벽하게 동작하는 마술 같은 블랙박스가 없다는 사실을 이미 알고 있다. 인공지능은 컴퓨터가 알아서 저절로 수행되는 것이 아닌, 우리 인간이 구현한 머신러닝과 딥러닝 알고리즘대로 동작하는 엔진과 같은 것이다. 기계는 아직 인간과 비슷한 생각을 할 수 있는 단계에 이르지 못했다. 오늘날 AI가 하는 일과 행동하는 방식은 우리가 그들을 훈련한 방법의 결과물이다.

따라서 사용자의 자연어를 이해하기 위해서는, 그것이 어떤 언어인시 혹은 어떤 형태(텍스트, 음성, 이미지 등)인지와 관계없이 NLP 알고리즘과 기술을 반드시 사용해야 한다. NLP는 원시 데이터를 입수하고 정제하여, 필요한 액션을 취할 수 있도록 준비하는 챗봇의 두뇌라고 할 수 있다.

NLP는 그 자체로 매우 방대한 주제로서, 완전히 배우기 위해서는 많은 시간과 끈기가 필요하다. 따라서 이 책에서는 챗봇 개발자가 알아야 할 몇 가지 필수적인 방법들에 대해서만 다루게 될 것이다.

2-2 spaCy란 무엇인가?

spaCy는 고급 NLP를 위한 오픈 소스 소프트웨어 라이브러리로, Matthew Honnibal이 파이썬과 사이썬[1] 언어로 구축하였다. spaCy는 딥러닝 모델에 의해 훈련된 다양한 메소드method에 접근할 수 있는 직관적인 API를 제공한다.

spaCy는 세계에서 가장 빠르게 동작하는 구문 분석기syntactic parser를 제공하는데, 이는 다음의 벤치마킹 테스트 결과에서도 확인할 수 있다.

2-2-1 spaCy의 벤치마킹 테스트 결과

2015년 두 개의 논문에서, spaCy가 세계에서 가장 빠른 구문 분석기를 제공하고 그 정확도가 사용 가능한 최고 수준의 1% 이내임을 확인할 수 있다. 이보다 정밀한 시스템이 몇몇 존재했지만 속도에서 20배 이상 차이를 보였다. 다른 라이브러리들과 속도 및 정확성에 대해 벤치마킹 테스트한 결과인 그림 2-1에서 그 사실을 확인해 보자.

SYSTEM	YEAR	LANGUAGE	ACCURACY	SPEED (WPS)
spaCy v2.x	2017	Python / Cython	**92.6**	n/a ⑦
spaCy v1.x	2015	Python / Cython	91.8	13,963
ClearNLP	2015	Java	91.7	10,271
CoreNLP	2015	Java	89.6	8,602
MATE	2015	Java	92.5	550
Turbo	2015	C++	92.4	349

그림 2-1 spaCy 벤치마킹 테스트 결과

---

1   역주 Cython, CPython 확장 모듈을 손쉽게 생성하도록 고안된 컴파일 언어 (출처: 위키백과)

spaCy는 영어, 독일어, 스페인어, 포르투갈어, 프랑스어, 이탈리아어, 네덜란드어 등과 같은 다국어 개체명 인식[2]과 광범위한 언어에 대한 통계적 신경망 모델 및 토큰화[3] 기능 등을 제공한다. 그림 2-1에서 spaCy v2.x는 다른 하드웨어에서 테스트 되었으니 무시하도록 한다.(속도 컬럼이 n/a로 표시된 이유이다.)

2-2-2 spaCy가 제공하는 것은?

spaCy가 제공하는 매우 유용한 기능 세 가지가 있다. 하나씩 살펴보면서 자연어 처리에서 spaCy가 중요한 이유를 확인해 보자.

세계에서 가장 빠른 라이브러리

spaCy는 대규모 정보를 추출하는 데 매우 능숙하다. 사이썬Cython 라이브러리를 활용하여 초기부터 메모리 관리에 대해 최대한 주의를 기울이며 구현되었다.

임무를 완수하다

spaCy는 "임무를 완수하다get things done"의 마인드로 설계되었다. 이것은 실제 세계의 자연어 처리 시나리오를 처리하는 데 도움을 준다. 어떠한 문장(문서)들을 정제clean할 수 있다는 것은 개발자나 컴퓨터 언어학 마니아들로 하여금 많은 시간을 절약할 수 있게 해주며, 그들을 보다 생산적으로 만들 수 있다. 또한 다른 파이썬 패키지들처럼 설치하기가 매우 쉽다.

딥러닝

spaCy는 오픈 소스 커뮤니티들 가운데, 딥러닝 알고리즘에 적용되는 최고의 텍스트 처리 프로세스 라이브러리 중 하나이다. TensorFlow, PyTorch, scikit-learn, Gensim, 기타 파이썬 관련 여러 딥러닝 프레임워크들과 매끄럽게 연동된다. 딥러닝 개발자들은 다양한 NLP/NLU 문제를 풀기 위한 정교한 언어학적 통계 모델을 spaCy를 통해 손쉽게 구성할 수 있다.

---

2   역주 NER, Named Entity Recognition, 46페이지에서 자세히 다룬다.

3   역주 tokenization, 주어진 문장을 토큰(token, 문법적으로 더 이상 나눌 수 없는 언어 요소)으로 분리하는 작업
           (출처: https://bkshin.tistory.com)

2-3 spaCy의 특징들

spaCy는 다른 NLP 라이브러리들이 제공할 수 없는 매우 광범위하고, 원하는 거의 모든 것을 할 수 있는 API를 제공한다. 더욱 놀라운 것은 지금도 계속해서 진화하고 있으며, 점점 더 발전하고 있다는 것이다. 그들의 공식 웹 사이트(https://spacy.io/)에 언급된 spaCy의 특징을 잠시 살펴보자.

- Non-destructive 토큰화
- 개체명 인식Named entity recognition
- 28개 이상의 다국어 지원
- 8개 언어에 대한 13가지 통계 모델
- 사전에 학습된 워드 벡터word vector
- 손쉬운 딥러닝 연동
- 형태소 분석
- 라벨화된 의존 구문 분석Labeled dependency parsing
- 구문 중심의 문장 분할Syntax-driven sentence segmentation
- 구문과 개체명 인식을 위한 탑재된 비주얼라이저visualizers
- 편리한 문자열-해시string-to-hash 매핑
- numpy data arrays 형식으로의 추출
- 효율적인 바이너리 직렬화binary serialization
- 간편한 모델 패키징과 배포
- 환상적인 속도
- 견고하고 엄격하게 평가한 정확도

이제 파이썬 자연어 처리 모듈 spaCy에 대해 자세히 알아보자.

2-3-1 spaCy 설치와 필수 구성 요소

spaCy와 관련 코드들에 대해 알아보기 전에 먼저 PC에 파이썬이 설치되어 있는지 확인해 보자. 만약 설치되어 있지 않다면 https://www.python.org/downloads/ 사이트를 참고한다. 파이썬 버전은 익숙한 것으로 어떤 것이든 사용 가능하다. 이 책에서는 파이썬 3 버전을 사용할 예정이다. 따라서 만약 파이썬 3 버전 설치를 원한다면 https://www.python.org/downloads/를 통해 다운로드하도록 하자. 2 버전 또한 사용할 수는 있으나 약간의 코드 변경이 필요할 수도 있다.

이제 pip를 이용하여 spaCy를 설치한다.

https://packaging.python.org/tutorials/installing-packages/#installing-from-pyp

그리고 가상 환경을 구성하여 spaCy를 사용자 디렉토리에 설치한다.

http://docs.python-guide.org/en/latest/dev/virtualenvs/

만약 사용하고 있는 운영체제가 macOS/OS X/Linux라면 다음의 단계를 차례대로 수행해 보자.

Step 1: python3 -m pip install -U virtualenv
Step 2: virtualenv venv -p /usr/local/bin/python3 ●·················· 파이썬 3가 설치된 경로를 지정한다.
Step 3: source venv/bin/activate
Step 4: pip3 install -U spacy ●·················· 이 책에서는 spaCy 버전 2.0.11.을 사용한다.

마지막 단계는 시간이 조금 걸린다는 것을 참고하자. 윈도우 운영체제를 사용 중이라면 3단계만 아래와 같이 변경한다.

venv\Scripts\activate

이제 3단계에서 활성화한 가상 환경 안에 주피터 노트북[4]을 설치한다. 주피터 노트북은 일반적인 파이썬 개발 환경보다 훨씬 쉽고 생산적이다. 독자들은 다음 챕터의 여러 가지 코드를 실행해보며 이 사실을 확인하게 될 것이다.

---

4   역주 Jupyter Notebook, 머신러닝, 통계 모델링 등 다양한 목적의 코드를 작성하고 공유할 수 있는 오픈 소스 웹 애플리케이션
        (출처: jupyter.org)

주피터 노트북을 설치하려면 다음 pip 명령을 실행해야 한다.

```
pip3 install jupyter
```

시스템에 주피터 노트북을 설치한다. 이때 spaCy와 주피터 노트북은 앞서 설정한 가상 환경에 설치되어야 한다. 모든 것이 성공적으로 잘 설치되었는지 확인해 보자.

1. 커맨드 창에서 다음과 같이 입력하면, 서버가 시작되고 기본 페이지가 브라우저에서 열리는 것을 볼 수 있다. 기본 페이지 URL은 http://localhost:8888/tree이며, 그림 2-2와 같이 나타날 것이다.

```
$ jupyter notebook
```

2. 그림 2-2와 같이 New를 클릭하고 Python3을 선택하자. 파이썬 코드를 입력하고 실행할 수 있는 새로운 노트북이 새 탭에서 열릴 것이다. 여기에서 파이썬 코드 작성, 라이브러리 임포트, 플롯 차트plot charts 및 마크다운 셀markdown cells 등을 실행하거나 선택할 수 있다.

그림 2-2 주피터 노트북 첫 화면

3. import spacy를 입력하고 Run 버튼 혹은 Shift+Enter↵를 입력하여 실행한다. 성공한다면 그림 2-3과 같이 설치를 확인할 수 있다.

그림 2-3 spaCy 설치 확인

위에서 언급한 것처럼, import spacy를 실행했을 때 아무런 오류가 없다면 spaCy가 성공적으로 설치되었다는 것을 의미한다. 그림 2-3과 같이 설치된 버전을 확인할 수 있을 것이다. 만약 위와 동일한 버전을 설치하고 싶다면, pip 명령어 수행 시 버전을 명시하기만 하면 된다.

```
pip3 install -U spacy==2.0.11
```

2-3-2 spaCy 모델은 무엇인가?

spaCy 모델은 다른 머신러닝 혹은 딥러닝 모델들과 유사하다. 그것은 머신러닝 알고리즘을 이용하여 데이터를 학습한 후 생산되는 무엇, 즉 어떤 알고리즘의 생산물 정도로 말할 수 있다. spaCy는 다른 파이썬 패키지와 마찬가지로 다운로드하여 구현 중인 프로그램에서 사용할 수 있다.

이제 파이썬 패키지와 유사한 형태로 spaCy 모델을 설치해 보자.

이번엔 주피터 노트북에서 설치 명령을 수행해 본다. 명령어 앞에 느낌표!, Exclamation Operator를 붙이면, 주피터 노트북에서도 쉘Shell 명령어를 실행시킬 수 있다. 다음과 같이 수행해 보자.

```
!python3 -m spacy download en
```

아마도 파이썬 3에 spaCy를 다운로드하기 위한 권한 문제가 발생했을 것이다. 이제 터미널 창으로 이동하여 아래의 명령어를 입력하도록 한다.

```
sudo python3 -m download en
```

그림 2-4와 같이 진행되는지 확인해 보자.

```
Sumit:Chapter II geospark-device-3$ sudo python3 -m spacy download en
Password:
Collecting https://github.com/explosion/spacy-models/releases/download/en_core_web_sm-2.0.0/(
  Downloading https://github.com/explosion/spacy-models/releases/download/en_core_web_sm-2.0.
    100% |███████████████████████| 37.4MB 59.0MB/s
Requirement already satisfied (use --upgrade to upgrade): en-core-web-sm==2.0.0 from https:/,
eb_sm-2.0.0/en_core_web_sm-2.0.0.tar.gz in /usr/local/lib/python3.6/site-packages
You are using pip version 10.0.1, however version 18.0 is available.
You should consider upgrading via the 'pip install --upgrade pip' command.

    Linking successful
    /usr/local/lib/python3.6/site-packages/en_core_web_sm -->
    /usr/local/lib/python3.6/site-packages/spacy/data/en

    You can now load the model via spacy.load('en')
```

그림 2-4 spaCy 모델 다운로드

그림 2-4에서 보는 것처럼, spaCy는 다른 파이썬 패키지처럼 몇몇의 코어 파일들을 다운로드
하고 설치한다.

> **Note**
> 느낌표(!, Exclamation Operator)는 주피터 노트북에서만 사용이 가능하다. 터미널에서 명령어를 통
> 해 spaCy를 설치할 경우에는 느낌표를 제거해야만 오류 없이 실행된다.

2-4 챗봇 구축에 필요한 자연어 처리의 기본적인 방법

어떤 일에 전문가가 되고 그것을 효과적이고 효율적으로 수행하기 위해서는, 기본이 되는 사
항에 대해 잘 아는 것이 매우 중요하다. 챗봇 구축을 위해서는 자연어 처리의 기본적인 방법
들에 대해 잘 알고 있어야 한다. 이러한 것들은 사용자로부터 입력받은 구문을 청크[5]라는 단
위로 분해하고, 각각이 의미를 가질 수 있도록 도와준다. 다음 절부터는 이러한 자연어 처리
의 구체적인 방법들에 대해서 배우게 될 것이다. 이를 통해 자연어 처리를 보다 잘 다루게 될
것이며 나아가 더 좋은 챗봇을 구현하는 데 도움이 될 것이라고 기대한다. 사용자로부터 입
력받은 자연어를 더 잘 이해할수록 더 좋은 응답을 제공할 수 있다는 사실을 항상 기억하도록
하자.

---

5   **역주** chunk, 언어학적으로 본다면 말모둠이라는 뜻으로 언어 학습자가 한 번에 하나의 단위처럼 배울 수 있는 어구를 뜻한다.
    (출처: www.calsec.or.kr)

2-4-1 형태소 분석(POS Tagging)

형태소 분석Part-of-speech Tagging이란, 어떤 문장을 읽고 그 문장을 구성하는 각각의 단어(혹은 토큰)에 명사, 동사, 형용사와 같은 품사를 할당하는 프로세스를 의미한다.

형태소 분석은 주어진 문장의 엔티티를 파악하고자 할 때 매우 중요하다. 챗봇 동작 시작 단계에서 가장 먼저 해야 할 일은 형태소 분석을 통해 주어진 문장에 무엇이 포함되어 있는지를 확인하는 것이다.

형태소 분석 예시를 통해 본격적으로 살펴보자.

예제 1

```
nlp = spacy.load('en')          ●·············· spacy 영어 모델을 파이썬 오브젝트에 로드
doc = nlp(u'I am learning how to build chatbots')   ●·············· 토큰을 위한 doc 오브젝트 생성
for token in doc:
    print(token.text, token.pos_)   ●·············· 토큰과 형태소 분석 결과 출력
```

수행결과

```
('I', 'PRON')
('am', 'VERB')
('learning', 'VERB')
('how', 'ADV')
('to', 'PART')
('build', 'VERB')
('chatbots', 'NOUN')
```

예제 2

```
doc = nlp(u'I am going to London next week for a meeting.')
for token in doc:
    print(token.text, token.pos_)
```

('I', 'PRON')

('am', 'VERB')

('going', 'VERB')

('to', 'ADP')

('London', 'PROPN')

('next', 'ADJ')

('week', 'NOUN')

('for', 'ADP')

('a', 'DET')

('meeting', 'NOUN')

('.', 'PUNCT')

nlp 메소드를 통해 doc 오브젝트에서 리턴된 토큰 및 각 토큰의 형태소 분석 결과를 예제 1과 예제 2에서 확인할 수 있다.

이러한 분석 결과는 각 단어가 문법적으로 올바르게 사용될 수 있도록 단어 하나하나에 태그 형태로 소속되게 된다.

이번에는 doc 오브젝트로부터 분리된 토큰의 또 다른 속성들을 탐구하기 위한 예제를 살펴보자.

예제 3

```
doc = nlp(u'Google release "Move Mirror" AI experiment that matches your
pose from 80,000 images')


for token in doc:
    print(token.text, token.lemma_, token.pos_, token.tag_, token.dep_,
        token.shape_, token.is_alpha, token.is_stop)
```

Text	Lemma	POS	Tag	Dep	Shape	Alpha	Stop
Google	google	PROPN	NNP	compound	Xxxxx	True	False
Release	release	NOUN	NN	nmod	xxxx	True	False
"	"	PUNCT	``	punct	"	False	False
Move	move	PROPN	NNP	nmod	Xxxx	True	False
Mirror	mirror	PROPN	NNP	nmod	Xxxxx	True	False
"	"	PUNCT	"	punct	"	False	False
AI	ai	PROPN	NNP	compound	XX	True	False
Experiment	experiment	NOUN	NN	ROOT	xxxx	True	False
That	that	ADJ	WDT	nsubj	xxxx	True	True
Matches	match	VERB	VBZ	relcl	xxxx	True	False
Your	-PRON-	ADJ	PRP$	poss	xxxx	True	True
Pose	pose	NOUN	NN	dobj	xxxx	True	False
From	from	ADP	IN	prep	xxxx	True	True
80,000	80,000	NUM	CD	nummod	dd,ddd	False	False
Images	image	NOUN	NNS	pobj	xxxx	True	False

```
doc = nlp(u'I am learning how to build chatbots')
for token in doc:
    print(token.text, token.lemma_, token.pos_, token.tag_, token.dep_,
        token.shape_, token.is_alpha, token.is_stop)
```

Text	Lemma	POS	Tag	Dep	Shape	Alpha	Stop
I	-PRON-	PRON	PRP	nsubj	X	True	False
am	be	VERB	VBP	aux	xx	True	True
learning	learn	VERB	VBG	ROOT	xxxx	True	False
how	how	ADV	WRB	advmod	xxx	True	True
to	to	PART	TO	aux	xx	True	True
build	build	VERB	VB	xcomp	xxxx	True	False
chatbots	chatbo	NOUN	NNS	dobj	xxxx	True	False

출력된 표의 각 속성들이 무엇을 의미하는지 아래 테이블에서 확인해 보자.

TEXT	실제 텍스트 혹은 단어
LEMMA	처리되는 단어 형태
POS	단어의 품사
TAG	품사 + 추가정보(ex: 과거시제, 현재 시제)
DEP	문맥 간 의존도(토큰들 간의 관계)
SHAPE	단어의 형태(대소문자, 부호, 숫자 등)
ALPHA	알파벳 여부
Stop	불용어[6] 여부

다음 테이블을 참조하면, POS 컬럼의 각 속성들이 무엇을 의미하는지 이해할 수 있다. 이 목록을 보면 spaCy 모델에 의해 어떻게 형태소 분석이 진행되는지 확인할 수 있다.

POS	DESCRIPTION	EXAMPLES
ADJ	adjective	big, old, green, incomprehensible, first
ADP	adposition	in, to, during
ADV	adverb	very, tomorrow, down, where, there
AUX	auxiliary	Is, has (done), will (do), should (do)
CONJ	conjunction	and, or, but
CCONJ	coordinating conjunction	and, or, but
DET	determiner	a, an, the
INTJ	interjection	psst, ouch, bravo, hello
NOUN	noun	girl, cat, tree, air, beauty
NUM	numeral	1, 2017, one, seventy-seven, IV, MMXIV
PART	particle	's, not,
PRON	pronoun	I, you, he, she, myself, themselves, somebody
PROPN	proper noun	Mary, John, London, NATO, HBO
PUNCT	punctuation	., (,), ?
SCONJ	subordinating conjunction	if, while, that
SYM	symbol	$, %, §, ©, +, −, ×, ÷, =, :), ½

---

6 역주 stop word, 문장 내에서 크게 의미가 없는 단어 (출처: https://www.quantumdl.com)

VERB	verb	run, runs, running, eat, ate, eating
X	other	sfpksdpsxmsa
SPACE	space	

그렇다면 여기서 질문 한 가지, 챗봇에 형태소 분석이 필요한 이유는 무엇일까?

정답: 사용자가 입력한, 챗봇이 아직 학습하지 않았거나 덜 학습된, 텍스트의 복잡성을 감소시켜 이해가 용이하도록 만든다. 형태소 분석을 통해 전체 입력값의 품사를 식별하고, 필요한 품사에 대해서만 예정된 작업을 진행하면 된다. 예를 들어, 독자들이 하나의 문장에서 위치에 관련된 단어를 찾고 있다고 가정해 보자. 형태소 분석기는 위치와 관련된 단어를 명사로 태깅할 것이고, 우리는 전체에서 명사로 태깅된 목록에 대해서만 위치인지 아닌지를 검토하면 된다.

2-4-2 어간 추출(Stemming)과 표제어 추출(Lemmatization)

어간 추출stemming이란 주어진 단어에서 그 단어의 기본적인 형태인 어간stem을 추출하는 과정을 의미한다. 예를 들어 "saying"이란 단어는 "say"로 변경되고, "presumably"는 "presum"이란 단어로 변경되는데, 보다시피 추출 결과가 항상 100% 정확하지 않을 수도 있다.

표제어 추출lemmatization은 **어간 추출**stemming과 유사해 보이지만, 전자는 어떤 단어가 의미하고 있는 표제어[7]를 찾아가는 과정이라는 점에서 서로 다르다고 할 수 있다.

예를 들어 영어에서, "to walk"라고 하는 단어는 "walk," "walked," "walks," 혹은 "walking"과 같이 다양하게 표현될 수 있다. 이때 사전에서 찾아볼 수 있는 "walk"를 그 단어들의 표제어lemma라고 부른다. spaCy는 표제어 추출lemmatization이 더 정확하고 생산적이라고 판단하므로, 어간 추출기stemmer를 내장하고 있지 않다.

어간 추출과 표제어 추출의 차이점은 다음과 같다.

- **어간 추출**stemming은 먼저 추출 작업을 정교하지 않게, 휴리스틱[8]한 방법으로 진행한다. 단어를 잘라내고 남은 단어가 실제로 의미 있는 단어라고 생각하고 작업이 진행되지만, 단어의 의미를 내포한 핵심 부분derivational affixes이 제거되는 경우도 종종 발생한다.

---

7   역주 lemma, 기본 사전형 단어 정도의 의미를 갖는다. (출처: https://wikidocs.net)

8   역주 heuristic, 불충분한 시간이나 정보로 인하여 합리적인 판단을 할 수 없거나, 체계적이면서 합리적인 판단이 굳이 필요하지 않은 상황에서 사람들이 빠르게 사용할 수 있는 어림짐작의 방법 (출처: 위키백과)

- **표제어 추출**lemmatization은 어휘 분석 및 형태 분석을 이용하여 조금 더 명확하게 추출 작업을 진행한다. 이것은 의미 없는 부분만을 제거하고 표제어lemma라고 하는 단어의 사전적 형태만을 리턴하기 위해 최선을 다한다.

어간 추출과 표제어 추출을 동시에 제공하는 라이브러리가 흔치 않으므로, 표제어 추출을 통해 단어의 기본 형태를 정확하게 추출하는 연습을 하는 것이 바람직할 수 있다.
몇 가지 예시를 통해 연습을 진행해 보자.

예제 1

```
from spacy.lemmatizer import Lemmatizer
from spacy.lang.en import LEMMA_INDEX, LEMMA_EXC, LEMMA_RULES
lemmatizer = Lemmatizer(LEMMA_INDEX, LEMMA_EXC, LEMMA_RULES)
lemmatizer('chuckles', 'NOUN') ●············· 두 번째 파라미터는 단어의 품사 태그
```

수행결과

```
[u'chuckle']
```

예제 2

```
lemmatizer('blazing', 'VERB')
```

수행결과

```
[u'blaze']
```

예제 3

```
lemmatizer('fastest', 'ADJ')
```

수행결과

```
[u'fast']
```

어간 추출과 표제어 추출을 비교해 보려면, 파이썬에서 가장 인기 있는 라이브러리 중 하나인 Natural Language Toolkit^{NLTK}을 설치할 필요가 있다. spaCy는 최근에 인기를 얻는 라이브러리지만, 수많은 사람들을 자연어 처리라고 하는 바다에 뛰어들게 만든 것은 바로 NLTK이다. NLTK에서 제공하는 두 가지 어간 추출^{stemming} 기술을 이용하는 다음의 예제를 살펴보자. PorterStemmer와 SnowBallStemmer라고 하는 것을 이용하여 "fastest"의 어간을 추출하고 있다. 두 가지 방법 모두 같은 결과 "fastest"를 출력하는 것을 확인할 수 있다. 그러나, 보다 정확한 spaCy 라이브러리를 이용하여 표제어 추출^{lemmatization}을 하면 "fast"를 출력한다는 것을 예제 3을 통해 확인할 수 있었다.

```
from nltk.stem.porter import *
from nltk.stem.snowball import SnowballStemmer
porter_stemmer = PorterStemmer()
snowball_stemmer = SnowballStemmer("english")
print(porter_stemmer.stem("fastest"))
print(snowball_stemmer.stem("fastest"))



fastest
fastest
```

 Note 위 코드를 수행하기 위해선 **pip3**를 이용하여 **nltk** 패키지를 먼저 설치해야 한다.

어간 추출^{stemming}과 표제어 추출^{lemmatization}에 대해 이해했다면, 단어의 사전적 형태가 필요할 경우에는 표제어 추출을 해야 한다는 것을 알 수 있을 것이다. 검색 엔진을 구축할 때도 이와 같은 기술이 자주 사용된다. 독자들은 아마도, 구글에 검색어를 무작위로 입력했는데 원하는 기사가 나타나서 놀란 적이 있을 것이다. 이것이 바로 표제어 추출^{lemmatization}이 이용된 사례이다.

"왕좌의 게임 다음 시즌이 언제 출시되지?"
"When will the next season of Game of Thrones be releasing?"

위와 같은 문장으로 검색을 한다고 생각해 보자. 검색엔진이 이 문장을 그대로 이용하여 검색 결과를 찾는다고 가정한다면, 아마도 다음과 같은 제목의 기사와는 연결시키지 못할 것이다.

"왕자의 게임 다음 시즌 개봉 일"
"Game of Thrones next season release date."

그러나 만약, 사용자가 입력한 문장과 연관된 결과를 찾기 전에 표제어 추출lemmatization을 진행했다면, 앞의 기사 같은 더 나은 검색 결과를 표현할 수 있었을 것이다.
다음 절에서는 앞에서 살펴본 내용들에 대해 테스트를 진행해 볼 것이다.

2-4-3 개체명 인식(Named-Entity Recognition)

개체 인식entity identification 혹은 개체 추출entity extraction이라고도 하는 개체명 인식NER, Named-Entity Recognition은 주어진 문장에서 이름을 나타내는 개체를 찾아 기존에 정의된 범주로 분류하는 과정을 의미한다.

NER 성능은 추출 알고리즘 학습에 사용된 지식과 매우 밀접한 관련이 있으므로, 어떠한 데이터셋dataset을 통해 학습되었는지에 따라 잘 동작할 수도, 동작하지 않을 수도 있게 된다.

spaCy는 주어진 문장에서 개체를 식별할 수 있는 매우 빠른 인식 모델을 제공한다. 개체는 사람, 위치, 조직, 날짜, 숫자 등과 같이 서로 다른 유형을 가질 수 있는데, spaCy에서는 doc 오브젝트의 .ents 속성을 통해 손쉽게 접근할 수 있다.

spaCy의 강력한 개체명 인식 기능을 몇몇 예제를 통해 확인해 보자.

예제 1

```
my_string = u"Google has its headquarters in Mountain View, California
having revenue amounted to 109.65 billion US dollars"
doc = nlp(my_string)

for ent in doc.ents:
    print(ent.text, ent.label_)
```

('Google', 'ORG')

('Mountain View', 'GPE')

('California', 'GPE')

('109.65 billion US dollars', 'MONEY')

수행결과를 보면, spaCy 모델이 Google을 조직으로 California를 지리적 개체로, 109.65 billion US dollars를 머니^{money}로 아주 손쉽게 식별한 사실을 확인할 수 있다.

몇 가지 예제를 조금 더 살펴보자.

```
my_string = u"Mark Zuckerberg born May 14, 1984 in New York is an American technology en-
trepreneur and philanthropist best known for co-founding and leading Facebook as its chairman
and CEO."
doc = nlp(my_string)


for ent in doc.ents:
    print(ent.text, ent.label_)
```

('Mark Zuckerberg', 'PERSON')

('May 14, 1984', 'DATE')

('New York', 'GPE')

('American', 'NORP')

('Facebook', 'ORG')

```
my_string = u"I usually wake up at 9:00 AM. 90% of my daytime goes in learning new things."
doc = nlp(my_string)
for ent in doc.ents:
    print(ent.text, ent.label_)
```

```
('9:00 AM', 'TIME')
('90%', 'PERCENT')
```

위와 같이, 주어진 문장에서 시간과 퍼센트PERCENTAGE 정보 또한 아주 손쉽게 추출하였다. spaCy 스펙 문서에 따르면, 해당 모델은 다음의 개체 타입을 지원하는 OntoNotes 5[9] 코퍼스[10]를 통해 학습한다.

TYPE	DESCRIPTION
PERSON	People, including fictional
NORP	Nationalities or religious or political groups
FAC	Buildings, airports, highways, bridges, etc.
ORG	Companies, agencies, institutions, etc.
GPE	Countries, cities, states
LOC	Non-GPE locations, mountain ranges, bodies of water
PRODUCT	Objects, vehicles, foods, etc. (not services)
EVENT	Named hurricanes, battles, wars, sports events, etc.
WORK_OF_ART	Titles of books, songs, etc.
LAW	Named documents made into laws
LANGUAGE	Any named language
DATE	Absolute or relative dates or periods
TIME	Times smaller than a day
PERCENT	Percentage, including "%"
MONEY	Monetary values, including unit

---

9   https://catalog.ldc.upenn.edu/LDC2013T19

10   역주 corpus, 자연언어 연구를 위해 특정한 목적을 가지고 언어의 표본을 추출한 집합 (출처: 위키백과)

QUANTITY	Measurements, as of weight or distance
ORDINAL	"first," "second," etc.
CARDINAL	Numerals that do not fall under another type

챗봇과 같은 대화형 시스템을 구축할 때에는 보통 어떤 분야에 적용될 것인지를 염두에 둔다. 예를 들어, 우리는 챗봇이 병원 예약, 음식 주문, 비용 지불, 은행 업무 처리, 전자상거래 등과 같은 일을 해주길 원한다. 따라서 사용자의 질문에서 어떤 분야의 일을 원하는지 파악하는 것이 매우 중요한 일인데, 개체명 인식을 사용하면 주요 개체를 파악하여 질문의 맥락을 파악하는 데 많은 도움을 얻을 수 있다.

유사한 단어들이 사용되었으나 의미는 전혀 다른 두 가지 문장을 예를 들어 앞의 사항을 확인해 보자.

```
my_string1 = u"Imagine Dragons are the best band." ·············· Imagine Dragons는 고유명사로 밴드의 이름이다.
my_string2 = u"Imagine dragons come and take over the city." ·············· Imagine은 상상하다를 의미하는 동사이고, dragons은 용을 의미하는 명사이다.

doc1 = nlp(my_string1)
doc2 = nlp(my_string2)

for ent in doc1.ents:
    print(ent.text, ent.label_)
```

doc1 오브젝트의 수행결과는 다음과 같다.

```
['Imagine Dragons', 'ORG']
```

멋지지 않은가? 그러나 두 번째 문장에서는 아무런 개체도 인식하지 못한다는 사실을 알게 되면 더욱 흥미롭다고 느끼게 될 것이나[11]. 다음의 코드를 실행하여 doc2는 아무런 결과가 없다는 사실을 확인해 보자.

---

11   역주 첫 번째 문장에서는 고유명사에 해당하는 개체명을 멋지게 인식하였다.

```
for ent in doc2.ents:
    print(ent.text, ent.label_)
```

이제 남은 것은 살아있는 환경에서 수행결과인 두 단어의 맥락만을 파악하면 된다. 이와 같이, 개체 추출(개체 인식)을 통해 주어진 문장의 맥락을 쉽게 파악할 수 있고 필요한 대화를 지능적으로 진전시킬 수 있다.

2-4-4 불용어(Stop Words)

불용어stop words는 a, an, the, to와 같이 빈번하게 사용되는 단어로서, 다음 프로세스를 진행하기 전에 제거되길 희망하는 단어들을 의미한다. 불용어는 일반적으로 어휘로서 내포하고 있는 내용이 거의 없으므로 많은 의미를 지니지 못한다.
아래의 리스트는 25가지의 의미론적으로 비언어에 해당하는 Reuters-RCV1라고 알려진 불용어 목록이다.

```
a    an   and  are  as   at   be   by   for
from has  he   in   is   it   its  of   on
that the  to   was  were will with
```

몇몇 코드를 작성해보며 조금 더 살펴보도록 하자.
spaCy에 정의되어 있는 모든 불용어를 확인하기 위해서는 다음의 코드를 수행하면 된다.

```
from spacy.lang.en.stop_words import STOP_WORDS
print(STOP_WORDS)
```

아래와 같은 결과를 볼 수 있을 것이다.

set([['all', 'six', 'just', 'less', 'being', 'indeed', 'over', 'move',
'anyway', 'fifty', 'four', 'not', 'own', 'through', 'using', 'go', 'only',
'its', 'before', 'one', 'whose', 'how',
....
....
....
....
'whereby', 'third', 'i', 'whole', 'noone', 'sometimes', 'well', 'together',
'yours', 'their', 'rather', 'without', 'so', 'five', 'the', 'otherwise',
'make', 'once'])

spaCy의 불용어 목록엔 약 305개의 불용어가 정의되어 있다. 또한 나만의 불용어를 정의할 수도 있으며 필요시 기존 목록에 덮어쓸 수도 있다. 어떤 단어가 불용어인지 아닌지를 확인하려면 nlp 오브젝트의 is_stop 속성을 이용할 수 있다.

예제 1

nlp.vocab[u'is'].is_stop

수행결과

True

예제 2

nlp.vocab[u'hello'].is_stop

수행결과

False

예제 3

nlp.vocab[u'with'].is_stop

챗봇이 사용자의 문장을 이해하고 필요한 프로세스를 수행하기 전에, 의미 없는 단어들을 제거하는 불용어는 주어진 텍스트를 정제하는 데 매우 중요한 요소이다.

누군가의 기분을 파악하여 좋게 만들어 주기 위한 챗봇을 개발 중이라고 가정해 보자. 사용자의 문장에서 감정을 분석해내야 올바른 응답을 구성할 수 있을 것이다. 그러나 감정 분석 작업을 시작하기 전에, 사용자의 문장에서 불용어 형태로 존재하는 노이즈를 모두 제거를 하는 것이 필수라는 사실을 이해해야 한다.

2-4-5 의존 구문 분석(Dependency Parsing)

의존 구문 분석은 spaCy가 보유한 매우 빠르고 정확하게 동작하는 기능 중 한 가지이다. 구문 분석기는 문장 경계 탐지sentence boundary detection에 사용될 수 있으며, 기본 명사 구문(혹은 청크chunks)을 반복할 수 있다.

spaCy의 이 기능은 단어(또는 복합 단어) 사이의 부모 자식 관계를 설명하고, 단어가 발생하는 순서와 무관한 구문 분석 트리를 제공한다.

다음의 문장을 구문 분석하는 예제를 살펴보자.

Book me a flight from Bangalore to Goa.
방갈로르Bangalore에서 고아Goa로 가는 비행기 예약해줘.

예제 1

```
doc = nlp(u'Book me a flight from Bangalore to Goa')
blr, goa = doc[5], doc[7]
list(blr.ancestors)
```

수행결과

[from, flight, Book]

수행결과로부터 사용자가 방갈로르에서 고아로 출발하는 항공편을 예약하려고 한다는 것을 알 수 있다.

이번엔 goa.ancestors 오브젝트를 통해 goa의 ancestor 목록을 나열해 보자.

```
list(goa.ancestors)
```

수행결과

```
[to, flight, Book]
```

수행결과로부터 사용자가 고아로 가는 항공편을 예약하려 하는 것을 알 수 있다.

의존 구문 분석에서 Ancestors란 무엇인가?

Ancestors는 한 문장에서, 특정 토큰token과 문맥적으로 관련 있는 토큰들 중에 가장 우측에 위치한 토큰을 의미한다. 앞의 예에서 blr의 ancestors는 from, flight, Book이었다. doc 오브젝트의 ancestors 속성을 이용하면 ancestors 목록을 출력할 수 있다.

```
list(doc[4].ancestors) #doc[4]==flight
```

수행결과

```
[flight, Book]
```

doc 오브젝트의 어떤 단어가 다른 단어의 ancestor인지 여부를 확인하기 위해서는 다음과 같이 할 수 있다.

```
doc[3].is_ancestor(doc[5])
```

위의 내용은 doc[3]flight가 doc[5]Bangalore의 ancestor이기 때문에 True를 반환한다. 의존성 구문 분석과 ancestor 개념을 더 잘 이해하기 위해 예제와 같은 코드들을 더 수행해 보면 좋을 것이다.

만약 실제로 있을 수 있는 현실의 시나리오에 대해 챗봇을 개발한다면, 아마도 아래와 같은 문장이 있을 수 있을 것이다.

I want to book a cab to the hotel and a table at a restaurant.
호텔까지 가는 택시와 레스토랑의 한 자리를 예약하고 싶어.

중요한 것은 이 문장에서 요청한 태스크가 무엇이고, 타깃이 어디인지를 파악하는 것이다(사용자가 택시 예약을 원하는 것인지, 레스토랑 예약을 원하는 것인지).
다음의 코드를 수행해 보자.

예제 1

```
doc = nlp(u'Book a table at the restaurant and the taxi to the hotel')

tasks = doc[2], doc[8] #(table, taxi)

tasks_target = doc[5], doc[11] #(restaurant, hotel)


for task in tasks_target:
        for tok in task.ancestors:
                if tok in tasks:
                        print("Booking of {} belongs to {}".format(tok, task))
        break
```

수행결과

Booking of table belongs to restaurant
Booking of taxi belongs to hotel

의존 구문 분석에서 Children이란 무엇인가?

Children은 특정 토큰이 문맥적으로 의존하고 있는 단어들을 의미한다. children 속성을 이용하면 특정 단어의 children을 파악할 수 있다.

list(doc[3].children)의 수행결과는 다음과 같을 것이다.

[a, from, to]

의존 구문 분석의 인터랙티브(interactive) 시각화

의존성 구문 분석 개념을 처음부터 완전히 이해하기란 매우 어려운 일이다. 그러나 spaCy는 이 것을 이해하기 매우 쉬운 인터랙티브한 방법을 제공한다. spaCy v2.0+에는 Doc 또는 Doc 오 브젝트 목록을 displaCy에 전달하고 관련 웹 서버를 기동할 수 있는 시각화 모듈을 갖고 있다. 그림 2-5는 시각화를 통한 의존성 구문 분석 방법을 보여준다.

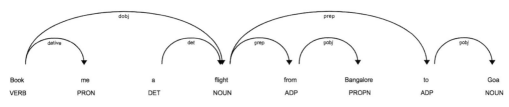

그림 2-5 의존 구문 분석의 인터랙티브(interactive) 시각화

다음의 코드를 수행하고, http://localhost:5000으로 인터넷 브라우저를 이용하여 이동하면 그림 2-5와 같은 의존 구문 분석 시각화를 생성할 수 있다.
다음의 코드들을 바로 수행해 보도록 하자.

```
from spacy import displacy
doc = nlp(u'Book a table at the restaurant and the taxi to the hotel')
displacy.serve(doc, style='dep')
```

주피터 노트북에서 문제없이 실행이 완료되었다면 그림 2-6과 같은 결과를 볼 수 있을 것이다.

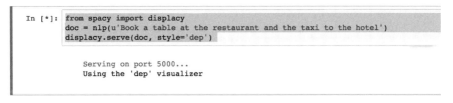

그림 2-6 주피터 노트북에서 의존 구문 분석 코드 실행

이제 브라우저를 열고 http://localhost:5000을 주소창에 입력해 보자.
그림 2-7과 같은 코드에 명시된 문장에 대한 의존 구문 분석 시각화의 분석 결과를 볼 수 있다.

그림 2-7 의존 구문 분석의 예

이번에는 다음과 같은 사용자 질문에 대한 의존 구문 분석을 진행해 보자.

What are some places to visit in Berlin and stay in Lubeck?
베를린^{Berlin}에서 갈만한 곳과 뤼벡^{Lubeck}에서 머물만한 곳은?

이를 위해 먼저 아래와 같은 doc 오브젝트를 생성한다.

```
doc = nlp(u"What are some places to visit in Berlin and stay in Lubeck")
```

이제 대화에 필요한 장소와 액션을 지정해 보자.

```
places = [doc[7], doc[11]] #[Berlin, Lubeck]
actions = [doc[5], doc[9]] #[visit, stay]
```

형태소 분석과 엔티티 추출을 학습한 독자라면, 장소와 액션을 손쉽게 구분할 수 있을 것이다. 이번에는 장소별 ancestors에 대한 액션이 존재하는지 for문을 통해 각각 확인해 보도록하자. 액션별 장소가 사용자가 질문한 대로 매핑되어야 할 것이다.

```
for place in places:
    for tok in place.ancestors:
        if tok in actions:
            print("User is referring {} to {}").format(place, tok)
            break
```

User is referring: Berlin to visit

User is referring: Lubeck to stay

위와 같은 예제들에서 확인할 수 있듯이 의존 구문 분석은 사용자 질문의 인텐트를 이해하기 쉽게 만들고, 그것을 바탕으로 다음에 필요한 사항을 예상하고 질문에 대한 응답을 형성하는 데 도움을 준다.

챗봇이 의존 구문 분석이 필요한 이유는 무엇인가?

의존 구문 분석은 챗봇을 만들기 시작할 때 가장 중요한 부분 중 하나이다. 사용자가 챗봇을 통해 입력한 질문의 의미를 파악하는 것이 매우 중요하다. 챗봇이 학습하지 못한 질문에 대해서도 그 의미를 잘 파악해야만, 엉뚱한 대답으로 고객을 잃게 되는 일이 없을 것이다.

의존 구문 분석은 사용자가 요청하는 것이 무엇인지를 더 잘 파악할 수 있는 단어(구문)별 관계와 설명을 제공한다.

의존 구문 분석의 이점에 대해 아래와 같이 요약할 수 있다.

- 문법적으로 올바른 문장의 단어들 간의 관계를 찾을 수 있다.
- 문장 경계 탐지sentence boundary detection에 이용할 수 있다.
- 사용자가 두 가지 내용을 한 번에 말하고 있는지 확인할 때 매우 유용하다.

봇 사용자가 문법적으로 틀린 문장을 말하거나, 무언가에 대한 입력을 제공하는 동안 산만하게 SMS 문자 메시지를 사용하면 어떨까? 챕터1에서 논의한 바와 같이 개발자는 이러한 상황에 주의하고 NLP 기법을 사용하여 적절히 대처해야 한다.

사용자가 실수할 수 있는 문법적 요소들을 사전에 식별하여, 그러한 것까지 챗봇이 이해하고 처리할 수 있도록 해야 한다.

다시 말해 우리는 사용자의 모든 입력 실수에 대한 시나리오를 구성해 대비해야만 한다. 그런 시나리오를 한꺼번에 다 처리할 수는 없겠지만, 사용자 지정 NLP 코드를 추가하거나 설계별로 사용자 입력을 제한하는 등의 방식으로 챗봇을 계속 개선해 나가야 할 것이다.

2-4-6 Noun Chunks

Noun Chuncks 혹은 NP-chunking는 기본적으로 명사 구phrases를 말한다. 또는 명사를 포함하는 어떠한 구를 의미할 수도 있으며, 어떤 고유한 명사를 설명할 수 있는 단어들의 집합이라고도 할 수 있다.

예제를 수행하며 조금 더 이해해 보도록 하자.

예제 1

```
doc = nlp(u"Boston Dynamics is gearing up to produce thousands of robot dogs")
list(doc.noun_chunks)
```

수행결과

[Boston Dynamics, thousands, robot dogs]

Noun Chunk를 확인하는 것 외에도 SpaCy는 속성을 이용하여 부가적인 기능들을 제공한다. 다음의 코드를 실행해 보자.

예제 2

```
doc = nlp(u"Deep learning cracks the code of messenger RNAs and protein-coding potential")
for chunk in doc.noun_chunks:
    print(chunk.text, chunk.root.text, chunk.root.dep_,
        chunk.root.head.text)
```

수행결과

TEXT	ROOT.TEXT	ROOT.DEP_	ROOT.HEAD.TEXT
deep learning	learning	nsubj	cracks
the code	code	dobj	cracks
messenger RNAs	RNAs	pobj	of
protein-coding potential	potential	conj	RNAs

위 테이블을 통해 관련된 속성이 제공하는 정보를 확인할 수 있다. 아래는 테이블을 통해 각 컬럼의 값들이 의미하는 바가 무엇인지도 확인해 보자.

Column	Meaning
Text	Text of the original noun chunk
Root text	Text of the original word that connects the noun chunk with remaining parse
Root dep	Dependency relation that connects the root to its head
Root head text	Text of the root token's head

2-4-7 유사도 확인(Finding Similarity)

자연어 처리 프로세스가 가장 많이 수행하는 작업 중 한 가지가 유사도 확인Finding Similarity이다. 두 단어가 얼마나 유사한지를 찾는 것이 상당히 중요한 경우가 종종 있다. 그리고 그때는 두 단어의 형태적 유사성뿐 아니라, 논리적으로 두 단어가 얼마만큼 관계가 있는지도 고려해야만 한다.

spaCy는 GloVeGlobal Vectors for Word Representation 알고리즘을 통해 얻어낸 고품질 단어 벡터 값을 이용하여 두 단어 사이의 유사성을 찾는다. GloVe는 비지도 학습 알고리즘unsupervised learning algorithm으로서, 단어의 고유 벡터값을 출력한다. GloVe 알고리즘은 단어 간 동시 출현 통계global word-word co-occurrence statistics를 기반으로 모델을 학습한다.

토큰의 vector 속성을 이용하여 spaCy의 벡터 내부의 실제 값을 살펴보자.

```
doc = nlp(u'How are you doing today?')
for token in doc:
    print(token.text, token.vector[:5])
```

수행결과

```
(u'How', array([-0.29742685, 0.73939574,
-0.04001453, 0.44034013, 2.8967502 ], dtype=float32))
(u'are', array([-0.23435134, -1.6145049 , 1.0197453 , 0.9928169 ,
    0.28227055], dtype=float32))(u'you', array([ 0.10252178,
-3.564711 , 2.4822793 , 4.2824993 , 3.590245 ], dtype=float32))
(u'doing', array([-0.6240922 , -2.0210216 , -0.91014993, 2.7051923 ,
    4.189252 ], dtype=float32))(u'today', array([ 3.5409122 ,
-0.62185854, 2.6274266 , 2.0504875 , 0.20191991], dtype=float32))
```

```
(u'?', array([ 2.8914998 , -0.25079122, 3.3764176 , 1.6942682 ,
    1.9849057 ], dtype=float32))
```

수행결과를 보면 아무런 의미 없는 숫자들인 것처럼 보일 수 있지만 애플리케이션 관점에서
는, 각각의 벡터값들이 그 단어를 고유하게 표현하는(그래서 얼마나 유사한지를 확인할 수 있
는) 매우 의미 있는 값이라고 할 수 있다.

유사도 확인을 위해선 다음의 코드를 수행하면 된다.

예제 1

```
hello_doc = nlp(u"hello")
hi_doc = nlp(u"hi")
hella_doc = nlp(u"hella")
print(hello_doc.similarity(hi_doc))
print(hello_doc.similarity(hella_doc))
```

수행결과

```
0.7879069442766685
0.4193425861242359
```

hello라는 단어를 보면 hella와 a라는 단어 차이만 있을 뿐이지만, hi라는 단어와 더 연관성이
있고 유사한 것을 확인할 수 있다.

이번에는 단어가 아닌 문장의 예를 보며, 문장의 경우에는 spaCy가 어떻게 유사성을 비교하는
지 확인해 보자. 이전 절에서의 '왕좌의 게임' 예제를 기억하는가? 그와 동일한 문장을 적용하
여 유사성을 확인할 것이다.

예제 코드

```
GoT_str1 = nlp(u"When will next season of Game of Thrones be releasing?")
GoT_str2 = nlp(u"Game of Thrones next season release date?")
GoT_str1.similarity(GoT_str2)
```

0.785019122782813

결과에서 볼 수 있듯이 두 문장 사이의 유사성은 79% 정도인데, 상당히 비슷하기 때문에 유사성이 True라고 할 수 있을 정도로 매우 높다. 유사도 확인은 챗봇 구현 중 커스텀 코드를 작성하는 데에도 많은 시간을 절약하게 도와준다. 위 예제들은 spaCy가 두 단어의 철자나 알파벳만 보는 것이 아니라 의미적으로도 얼마나 유사한지를 벡터를 이용하여 확인한다는 사실을 보여준다.

또 하나의 아주 간단한 예를 통해 유사성을 확인해 보자.

```
example_doc = nlp(u"car truck google")

for t1 in example_doc:
    for t2 in example_doc:
        similarity_perc = int(t1.similarity(t2) * 100)
        print "Word {} is {}% similar to word {}".format(t1.text,
        similarity_perc, t2.text)
```

Word car is 100% similar to word car

Word car is 71% similar to word truck

Word car is 24% similar to word google

Word truck is 71% similar to word car

Word truck is 100% similar to word truck

Word truck is 36% similar to word google

Word google is 24% similar to word car

Word google is 36% similar to word truck

Word google is 100% similar to word google

자연어 처리를 이용한 애플리케이션을 개발할 때, 단어 혹은 문장 간 유사성 확인은 매우 중요하다. StackOverFlow[12]를 이용해 본 독자라면, 새로운 질문과 유사한 과거의 질문들의 목록이 나열되는 것을 본 적이 있을 것이다. 이것은 두 문장 사이의 유사성을 찾는 것이 도움이 될 수 있는 가장 좋은 예 중 하나이다. 이미 학습된 모델을 기반으로 하는 spaCy의 유사성 찾기 알고리즘은 general assumption[13]에 따라 발전되고 있다.

챗봇을 만들 때 유사성을 찾는 것은 다음과 같은 상황에 매우 유용할 수 있다.

- 추천을 위한 챗봇을 구축할 때
- 중복을 제거할 때
- 철자 오류 확인 기능을 개발할 때

어떠한 비즈니스 로직을 개발할 때, 사용자가 입력한 대화를 파싱하여 그 의미를 정확히 파악할 수 있게 하는 이러한 기술들은 매우 중요하다는 사실을 기억하도록 하자.

2-5 챗봇 개발에 유용한 자연어 처리 기능들

이번 절에서는 특정 시나리오들을 다루기 위해 나만의 자연어 처리 방법들을 기획하고 작성할 때, 유용하게 사용될 수 있는 몇몇 주제들에 대해 학습해 보자.

구체적으로 토큰화tokenization 및 정규화 표현들regular expressions에 대해 살펴볼 예정인데, 예상과 달리 우리에게 매우 필요한 방법일 수 있으므로 꼼꼼하게 살펴보도록 하자.

2-5-1 토큰화(Tokenization)

토큰화Tokenization는 우리가 텍스트를 의미 있는 부분으로 나누는 NLP의 단순하면서도 기본적인 개념 중 하나이다. spaCy는 가장 먼저 텍스트를 토큰화한다(문장을 단어로 분할하고, 이후에 문장 부호 및 기타 사항들로 다시 분해한다). 독자들 중에는 '파이썬 언어에 내장된 split 메소드를 이용하여 토큰화를 진행하면 되지 않을까?'라고 생각한 사람도 있을 수 있다. 파이썬의 split 메소드는 주어진 separator를 기준으로 문장을 구분하는 매우 원시적인 방법으로,

---

12 역주 개발자들이 프로그래밍 하다 막혔을 때나 프로그래밍에 대한 질문을 하고 답변을 받는 사이트이다. (출처: 나무위키)

13 역주 general assumption은 언어적 범위/범주는 어휘적인 기술/개발과 같은 인지적 언어 능력이 발달함에 따라 탄생하고 발전한다는 이론이다. (출처: dictionary.cambridge.org)

spaCy와 달리 어떠한 의미도 고려하지 않고 그저 기준에 따라 분해할 뿐이다.
몇몇 코드를 실행해보며 토큰화가 어떻게 동작하는지 확인해 보자.

예제 1

```
doc = nlp(u'Brexit is the impending withdrawal of the U.K. from the
European Union.')
for token in doc:
    print(token.text)
```

수행결과

```
Brexit
is
the
impending
withdrawal
of
the
U.K.
from
the
EuropeanUnion
```

수행결과처럼 U.K.는 한 개의 단어로 토큰화되는데, 그것은 U.K. 자체가 국가의 명칭이므로 더 이상 분해가 불가능하기 때문이다. 만약 spaCy의 토큰화 결과가 만족스럽지 않다면, add_special_case 메소드를 이용하여 나만의 규칙을 추가할 수 있다.

spaCy의 토큰화가 마음에 들지 않는 경우에도 add_special_case 방법을 사용하여 spaCy의 토큰화 방법에 완전히 의존하기 전에 자신의 규칙을 추가할 수 있다.

2-5-2 정규 표현식(Regular expressions)

독자들은 아마도 정규 표현식regular expressions과 사용 방법에 대해 이미 알고 있을 것이다. 이 책에선 독자들이 일반적인 정규 표현식에 익숙하다고 가정한다. 이번 절에서는 몇 가지 예를 살펴보고 챗봇을 만드는 동안 정규 표현식이 어떻게 유익하고 유용할 수 있는지 알아보려고 한다. 텍스트 분석과 처리는 그 자체로 큰 주제다. 때때로 단어들은 머신들이 이해하고 훈련받는 것을 극도로 어렵게 만드는 방식으로 처리된다.

그렇기 때문에 정규 표현식은 머신러닝 모델에게 매우 유용할 수 있다. 정규 표현식은 패턴 매칭pattern-matching이 가능하므로 우리가 처리하고 있는 데이터가 정확하거나 부정확하다는 것을 확인할 수 있다. 챕터1 챗봇의 역사에서 살펴본 초기 챗봇 모델들은 이러한 패턴 매칭 기능에 의존하며 개발되었다.

이해하기 아주 간단한 아래 두 가지 예를 들어 보자. 두 문장 모두에서 정보를 추출하기 위해 정규 표현식을 사용할 것이다.

Book me a metro from Airport Station to Hong Kong Station.
공항역에서 홍콩역까지 지하철로 예약해 줘.

Book me a cab from Hong Kong Airport to AsiaWorld-Expo.
홍콩 공항에서 아시아월드-엑스포로 가는 택시 예약해 줘.

코드를 살펴보자.

예제 1

```
import re
from_to = re.compile('.* from (.*) to (.*)')
to_from = re.compile('.* to (.*) from (.*)')


from_to_match = from_to.match(sentence2)
to_from_match = to_from.match(sentence2)


if from_to_match and from_to_match.groups():
    _from = from_to_match.groups()[0]
    _to = from_to_match.groups()[1]
```

```
    print("from_to pattern matched correctly. Printing values\n")
    print("From: {}, To: {}".format(_from, _to))

elif to_from_match and to_from_match.groups():
    _to = to_from_match.groups()[0]
    _from = to_from_match.groups()[1]
    print("to_from pattern matched correctly. Printing values\n")
    print("From: {}, To: {}".format(_from, _to))
```

수행결과

to_from pattern matched correctly. Printing values
From: AsiaWorld-Expo., To: Hong Kong Airport

sentence2를 sentence1으로 변경해보고, 패턴이 잘 식별되는지도 확인해 보자. 최근의 머신러닝의 힘을 고려한다면 이러한 정규 표현식과 패턴매칭이 다소 뒤떨어진 기술로 느껴질 수도 있겠다. 그러나 텍스트, 문장, 단어들에서 구체적인 내용을 파싱하여 분석하는 것은 언제든 필요할 수 있으므로 이번 기회에 잘 학습해 두도록 하자.

챕터2

학습을 마친 이 시점에서 독자들은 아마도 챗봇을 구현할 때 자연어 처리가 왜 필요한지에 대해 알게 되었을 것이다. 이번 챕터에서 우리는 파이썬의 spaCy 모듈, 기능, 설치 방법에 대해 알아보았다. 또한 챗봇을 만들면서 광범위하게 사용되는 NLP의 다양한 방법에 대해 알아보았다. 구체적으로 형태소 분석, 어간 추출, 개체 인식, 불용어, 의존 구문 분석, noun chunks, 유사성 인식에 대해서 자세히 학습하였다.

모든 개념에 대해서는 코드를 실행하여 확인하였는데, 이는 '단순히 읽는 것이 아니라 해봐야 한다'라는 이 책의 강조 사항을 이행한 것이다. 이번 챕터 마지막 부분에서는 토큰화와 정규 표현식에 대해서도 살펴보았다. 다음 챕터에서는 Dialogflow라고 하는 프리웨어 소프트웨어를 이용하여 챗봇을 직접 구축해 보도록 할 것이다. 사용자가 제공한 정보를 이해하고 추출할 수 있도록 챗봇을 학습시키는 방법을 익혀보자.

CHAPTER

쉬운 방법으로
챗봇 구현하기

Building Chatbots the Easy Way

쉬운 방법으로 챗봇 구현하기

새로운 애플리케이션을 구현할 때 필요한 모든 것들을 처음부터 차근차근 학습하고 일일이 코드를 작성하며 진행할 수도 있지만, 일단 빠르게 완성부터 해야 할 상황도 있을 것이다. 이 챕터에서는 챗봇을 손쉽게 완성하기 위해 필요한 사항들을 학습한다. 이 챕터를 학습하면 많은 코딩 없이도 챗봇을 구축하고 배포할 수 있다는 사실을 이해하게 될 것이고 관련된 많은 내용을 학습하게 될 것이다.

소프트웨어의 시장은 적응하기 어려울 정도로 매우 빠르게 움직이고 있으므로, 이 챕터와 같이 무언가를 빠르게 완성할 수 있는 내용을 아는 것은 매우 중요하다. 시간을 낭비하지 않고 필요한 것을 오픈 소스 라이브러리 등에서 신속히 찾아 애플리케이션을 빨리 구축해야 하는 상황이 언제든 있을 수 있다. 우리에게 항상 처음부터 모든 코드를 작성할 시간이 있는 것이 아니며, 학습해야 할 양도 너무나 많기 때문이다.

이 챕터를 학습하면 챗봇을 빠르게 구현하고 전 세계에 배포하는 방법을 알게 될 것이다. 이를 위해 Api.ai라고 불렸던, 현재는 Dialogflow라고 불리는 도구를 사용할 예정이다.

3-1 Dialogflow 소개

Dialogflow는 음성 앱과 챗봇같은 음성 및 텍스트 기반의 대화형 인터페이스 애플리케이션 구축 시, 사용자가 해당 제품과 상호작용할 수 있는 새로운 방법을 제공한다. Dialogflow는 인공지능을 통해 동작되며, 구현된 챗봇은 구글 Assistant, 아마존 Alexa, 페이스북 메신저 등 인기있는 여러 가지 플랫폼에 배포되어 사용자와 당신이 연결될 수 있도록 한다.

다음의 다이어그램은 Dialogflow가 사용자 요청을 처리하는 방법을 보여준다.

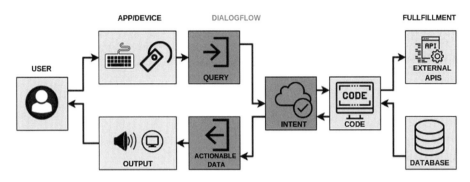

그림 3-1 Dialogflow 아키텍처 다이어그램

동작 시나리오는 다음과 같다.

1. 사용자가 입력 장치에 말을 한다.

2. 사용자 질문이 Dialogflow 엔진으로 입력된다.

3. Dialogflow가 인텐트intent를 인식한다.

4. 인텐트에 적합한 동작이 수행되고, 필요한 정보가 데이터베이스로부터 리턴된다.

5. 인텐트에 대한 응답이 구성된다.

6. 응답이 실행 가능한 정보로 변경된다.

7. 사용자가 요청한 정보가 출력 장치로 전달된다.

Dialogflow 에이전트의 개념은 자연어 이해NLU, Natural Language Understanding 모듈로 가장 잘 설명될 수 있다. 이것은 앱과 같은 형태의 제품 혹은 서비스에 포함될 수 있으며, 사용자가 요청한 자연어를 애플리케이션에서 실행 가능한 데이터로 변환할 수 있다(사용자의 대화가 에이전트의 인텐트와 매치되는 경우에 데이터를 변환한다).

에이전트는 또한 특정한 방식으로 대화의 흐름을 관리하도록 설계될 수 있다. 이것은 컨텍스트contexts, 인텐트 우선순위intent priorities, 슬롯 채우기slot filling, responsibilities, 그리고 fulfillment via webhook 등을 통해 구현된다[1].

---

1   역주 각각의 용어들은 https://cloud.google.com/dialogflow/docs/에서 조금 더 자세한 내용을 확인할 수 있다.

3-2 시작하기

오픈 소스로 배포되는 프리웨어 도구나 패키지들이 챗봇을 구축하는 데 항상 도움이 되는 것이 아니므로 지금까지 학습한 내용은 매우 중요한 것들이라고 할 수 있다.

지금까지 학습한 자연어 처리와 같은 것들을 이용하여 독자 스스로 챗봇의 모든 것을 구현하는 방법은 다음 챕터에서 살펴볼 예정이다. 이 챕터에서는 지금까지 익힌 개념의 증명 차원에서, 프로그래밍 경험 없이도 챗봇을 생성하고 배포할 방법에 대해 학습해 볼 것이다.

3-2-1 음식 주문 챗봇 구축하기

레스토랑에서 사용할 수 있는 챗봇을 Dialogflow를 통해 구현해 보자. 챗봇의 이름은 OnlineEatsBot 혹은 짧게 OnlineEats라고 한다. 챗봇의 기능은 구현하는 개발자가 자유롭게 선택하면 되지만, 이 챕터에서는 음식 주문 기능에 초점을 맞춰 구현할 것이다.

3-2-2 구현 범위 결정하기

챗봇이 무엇을 어느 정도까지 할 수 있는지, 구현 범위를 결정해 보자.

- 사용자를 역동적으로 맞이할 수 있어야 한다.
- 사용자가 요청한 메뉴와 수량을 이해할 수 있어야 한다.
- 사용자를 대신하여 주문을 할 수 있어야 한다.
- 주문 상태를 사용자에게 제공할 수 있어야 한다.

3-2-3 인텐트(Intent) 목록

챗봇이 사용자들의 요청을 이해할 수 있도록 학습되길 원하는 인텐트는 다음과 같다.

- 초기시작 인텐트: 사용자가 챗봇에 메시지를 보낼 때
- 주문하기 인텐트: 사용자가 음식 주문을 챗봇에 요청할 때
- 품목명세 인텐트: 사용자가 원하는 품목과 수량을 말할 때
- 주문처리 상태: 사용자가 주문처리 상태를 알고 싶어 할 때

- Order_ID: 챗봇은 주문을 추적하기 위해 주문 ID를 이해할 필요가 있다[2].
- 감사 표현: 사용자가 챗봇에게 감사의 표현을 할 때

3-2-4 엔티티(Entities) 목록

엔티티 목록에는 위에서 정의한 인텐트를 위해 가능한 모든 엔티티들을 나열한다. 그리고 이어지는 챕터 후반부에서는 각 엔티티들이 적용 가능한 인텐트에 정의된 것을 볼 수 있을 것이다.

- food_items: 사용자가 주문하고자 하는 음식은?
- quantities: 사용자가 주문하고자 하는 음식의 수량은 얼마인가?
- order_id: 사용자가 주문한 음식의 주문 ID

3-3 음식 주문 챗봇 만들기

먼저 우리가 챗봇이 할 수 있기를 희망하는 최소한의 것들에 대해서 정해 보자. 이를 위해 사용자와 챗봇과의 대화 스크립트를 생성한다. 이는 사용자가 대화를 정확하게 한다고 가정할 때, 기본적인 챗봇 동작을 준비하는 데 도움이 된다.

❙ 챗봇과 사용자의 대화 스크립트

User: Hello
(사용자: 안녕하세요)

OnlineEatsBot: Hello and Welcome! How may I help you?
(챗봇: 안녕하세요! 무엇을 도와드릴까요?)

User: I am looking to order Chinese food.
(사용자: 중국 음식을 주문하고 싶어요)

OnlineEatsBot: Sure, what would you like to order today?
(챗봇: 네, 오늘은 어떤 걸로 하시겠어요?)

User: One chicken dumpling and two spring rolls.
(사용자: 치킨 만두 한 개랑 스프링롤 두 개 주세요.)

2 　역주　주문 추적을 위해 챗봇이 알아야 할 주문 ID

OnlineEatsBot: Done. Your final amount is XYZ, and your order is placed for 1
Chicken dumpling and 2 spring rolls.

(챗봇: 치킨 만두 한 개와 스프링롤 두 개 주문 완료되었고요, 총 금액은 XYZ입니다.)

User: I haven't received my order yet. Where is my food?

(사용자: 제가 주문한 음식을 아직 받지 못했어요. 음식이 어디쯤 왔는지 확인해 주세요.)

OnlineEatsBot: Can you please help me with your order ID?

(챗봇: 주문 ID가 어떻게 되시나요?)

User: 123456

(사용자: 123456입니다.)

OnlineEatsBot: Order Status for Order ID: 123456. The delivery guy is in your locali-
ty, your food will arrive in about 5 minutes.

(챗봇: 주문 ID 123456의 처리 상태입니다. 배달하시는 분께서 근처에 계시네요, 5분 안에 음
식이 도착할 예정입니다.)

User: Thanks.

(사용자: 감사합니다.)

OnlineEatsBot: Thanks a lot for your cooperation.

(챗봇: 협조해 주셔서 감사합니다.)

이제 챗봇을 구축하기 위해 필요한 기본적인 스크립트 작성이 완료되었으니, Dialogflow를
시작해 보자.

3-3-1 Dialogflow 시작하기

다음 단계에 따라 Dialogflow에서 계정을 생성한 다음 에이전트를 생성한다(에이전트는 채팅
봇의 또 다른 이름이다).

1. https://dialogflow.com의 계정 생성 및 로그인

2. 에이전트 생성

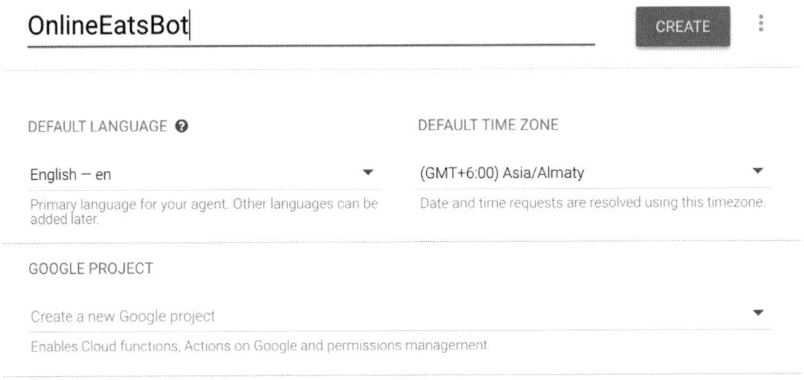

그림 3-2 Dialogflow에서 새로운 에이전트 생성하기

에이전트 이름, 표준 시간대, 기본 언어, 원하는 Google Project의 선택과 같은 상세 정보를 입력하거나 새로운 Google Project를 생성할 수도 있다.

3. 인텐트 생성

그림 3-3과 같이 이미 주어진 두 가지의 기본 인텐트가 존재한다.

- **기본 대체 인텐트**Default fallback intent: 사용자가 입력한 대화가 앞으로 생성될 어느 인텐트와도 일치하지 않는 경우에 활성화되거나, 내장된 small talk[3]에 의해 사용된다. 새로운 에이전트를 만들 때 기본 대체 인텐트가 자동으로 생성되며, 원하는 경우 수정하거나 삭제할 수 있다.

- **기본 시작 인텐트**Default welcome intent: 나만의 챗봇을 위한 시작 인텐트 확장이 가능하므로, 여러 가지 고유의 표현들로 인텐트를 추가해 볼 것을 권장한다[4].

3 　역주　일상적인 대화에 대한 응답을 제공하는 내장된 인텐트 (출처: cloud.google.com)

4 　역주　대화가 처음 시작될 때 사용되는 인텐트 (출처: cloud.google.com)

그림 3-3 Dialogflow에서 인텐트 생성하기

인텐트를 생성하기 전에 먼저 다음의 단계들을 수행하여 기본 시작 인텐트에 몇 가지 어터런스를 추가해 보자.

1. 기본 시작 인텐트 클릭

2. 학습문구Training Phrases[5]에 사용자 고유의(원하는) 표현 추가

3. 저장하기 클릭

저장하기를 클릭하면, 내장된 머신러닝 모델이 실행되고 우리가 추가한 데이터(사용자 표현)를 학습한다. 데이터를 학습한다는 것은 해당 데이터 기반의 인텐트가 무엇인지 시스템이 이해하는 과정이며, 이를 통해 사용자가 새로운 대화를 입력하여도 그것이 어떠한 인텐트에 속하는지 예측할 수 있는 능력을 갖게 된다. 예를 들어 그림 3-4에서처럼 챗봇이 시작 인텐트에 속하는 5가지 정의된 표현을 알고 있는 상황에서, 만약 사용자가 정의되지 않은 "Hello there"를 입력한다면 어떻게 될까? 챗봇은 정의된 표현을 학습하여 시작 인텐트에 속하는 피처[6]를 파악하였고, 새로운 표현이 해당 피처와 유사하므로 "Hello there" 역시 기본 시작 인텐트로 분류할 수 있게 된다.

---

5   역주 사용자가 입력할 수 있는 예시 문구 (출처: cloud.google.com)

6   역주 feature, 머신러닝을 통해 분석하려는 대상의 여러 가지 속성들

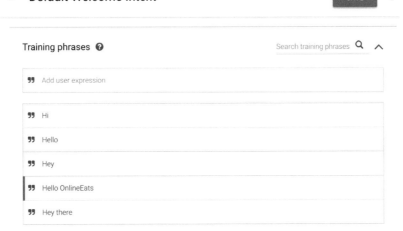

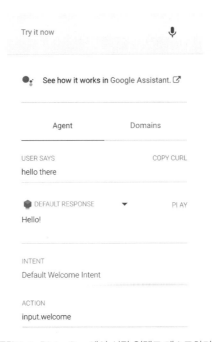

● Default Welcome Intent

SAVE

Training phrases ❓

Search training phrases 🔍 ⌃

❝ Add user expression

❝ Hi

❝ Hello

❝ Hey

❝ Hello OnlineEats

❝ Hey there

그림 3-4 Dialogflow에서 기본 시작(인사) 인텐트 정의하기

시작 인텐트가 잘 동작하는지 살펴보자. Dialogflow는 그림 3-5와 같이 대시보드 자체를 통한 테스트 환경을 제공한다.

Try it now 🎤

● See how it works in Google Assistant. ⎋

Agent | Domains

USER SAYS | COPY CURL
hello there

● DEFAULT RESPONSE ▼ PLAY
Hello!

INTENT
Default Welcome Intent

ACTION
input.welcome

그림 3-5 Dialogflow에서 시작 인텐트 테스트하기

3-3-2 인텐트를 생성할 때 기억해야 할 점

Dialogflow에서 인텐트를 생성할 때 중요한 몇몇 사항들을 살펴보자.

- Dialogflow의 모든 인텐트는 기본 응답^{default response}값을 갖고 있다. 기본 응답이란 인텐트가 인식될 때마다 챗봇이 사용자에게 응답하는 값을 의미한다. 위 예에서는 사용자가 "Hello there"라고 말할 때 챗봇은 "Hello"라고 응답하고 있다.
- 응답을 추가하거나 존재하는 응답을 삭제할 수 있는데, 한 개 이상의 응답을 갖는 것이 챗봇을 좀 더 현실적으로 보이게 만들 수 있다. 왜냐하면 여러 개의 응답이 있어야 매번 같은 말로 응답하는 것을 막을 수 있고, 챗봇과 얘기하는 사용자에게 마치 사람과 얘기하는 것과 같은 느낌을 줄 수 있기 때문이다.
- Dialogflow의 인텐트는 또한 대화가 종료되는 것을 표시할 수 있는 기능을 갖고 있다. 다시 말해 챗봇이 사용자가 더 이상 대화에 참여하지 않을 것임을 추측할 수 있게 할 수 있고, 챗봇은 추측한 정보를 바탕으로 대화를 종료하기 위해 필요한 조치를 할 수 있게 된다.

3-3-3 인텐트를 생성하고 어터런스를 추가하기

이제 기본 인텐트 생성은 모두 완료되었으니 주문 인텐트를 생성해 보자. 필자는 place_order_intent라고 명명하였으며 다음과 같은 표현들을 학습 문구^{Training Phrases}에 입력하였다.

I want food.
음식을 원해요.

I want to order food asap.
최대한 빨리 음식을 주문하고 싶어요.

Can you please take my order for food?
제 주문을 좀 받아 주시겠어요?

Take my order please.
제 주문 좀 받으세요.

I want to place an order for Chinese food.
중국 음식을 주문하고 싶어요.

I want to place an order.
주문하고 싶어요.

Would you please help me to order food?
주문하는 것 좀 도와주시겠어요?

Can you please order food for me?
주문 좀 해주실래요?

I want to order food.
음식 주문하고 싶어요.

I am looking to order Thai food.
태국 음식을 주문하려고 하는데요.

I am looking to order Chinese food.
중국 음식을 주문하려고 하는데요.

이제 앞에서 언급한(혹은 관련된) 사용자 표현들을 식별하기 위한 인텐트 구축이 완료되었다.
이번에는 사용자의 대화에 대답하기 위한 기본 응답default response을 인텐트에 추가해 보자.

3-3-4 인텐트에 기본 응답 추가하기

place_order_intent라고 인식되면 사용자에게 반환되는 세 가지 응답들을 추가해 보자.

Sure, What would you like to order today?
네, 오늘은 무엇을 주문하시겠습니까?

Definitely, What would you like to have today?
그럼요, 오늘은 뭐 드실 건가요?

Certainly, I'll try to help you with that. What are you feeling like eating today?
물론이죠, 제가 도와드리겠습니다. 오늘은 어떤 것 드시고 싶으세요?

다음 단계는 사용자가 원하는 음식을 입력하길 기다린 후 해당 문장을 분석하는 것이다.
따라서 실제로 무엇을(어떤 음식을) 주문할 것인지를 알려주는 새로운 인텐트를 생성해 보자.
items_description라고 명명한 새로운 인텐트를 생성한다.
먼저 일반적인 사용자 표현을 추가한다.

One chicken dumpling and two spring rolls.
치킨 만두 한 개와 스프링롤 두 개

사용자 표현을 추가할 때, 인텐트의 엔티티에 구체적으로 명시하고 싶은 특정 단어들(미리 정의된 수량, 날짜, 시간, 위치 등)을 선택할 수 있다. 또한 새로 만들기^{Create New} 버튼을 클릭하여 나타나는 팝업을 통해 우리만의 자체 엔티티를 생성할 수도 있다.

어터런스 중에 엔티티를 만들기 위해 선택한 단어를 하이라이트 표시하여 팝업 박스를 열고 원하는 자체 엔티티를 생성하면 된다.

여기서 기억해야 할 점은, 우리가 다루고 있는 모든 데이터들이 어떠한 프로그램 언어에서도 사용이 가능하도록 가독성이 높은 포맷(형식)으로 파싱[7]될 수 있어야 한다는 것이다. JSON 포맷은 오늘날의 교차 플랫폼[8] 애플리케이션에서 사용될 수 있는 제일 적합한 포맷이다. Dialogflow는 기본적으로 JSON 포맷으로 데이터를 반환하며, 이 데이터들은 다음의 코드와 유사하게 파싱될 수 있다. 단, 너무 많은 데이터로 인해 API 응답에 부하가 발생하지 않도록 꼭 필요한 만큼, 가능한 최소한의 데이터로 시스템을 구축하는 것이 항상 권장된다. 규모에 따라 비용이 증가한다는 사실을 기억해야 한다.

```
{
  "food_items": {
    "chicken dumpling": 1,
    "Spring rolls": 2
  }
}
```

3-3-5 품목 명세 인텐트와 소속 엔티티 생성하기

One, two를 선택하고, 각각의 값을 데이터 타입의 한 종류인 @sys.number로 정의할 수 있다[9]. 또한 음식의 품목을 식별하기 위한 food_items_entity라는 새로운 엔티티를 생성할 것이다.

그림 3-6을 보면 food_items_entity라는 이름의 엔티티를 확인할 수 있는데, 단어를 선택할 때는 각 파라미터의 이름을 food_items_entity1과 food_items_entity2로 명명하도록 한다.

---

7   역주 parsing, 어떠한 문장(데이터)이 어떠한 구성인지 분석하여 그 문법적인 의미를 설명하는 것 (출처: https://www.lexico.com)

8   역주 cross-platform, 여러 종류의 플랫폼에서 동작할 수 있음을 의미 (출처: https://ko.wikipedia.or)

9   역주 위에서 정의한 One chicken dumpling and two spring rolls. 표현의 One, two에 하이라이트 표시를 하면 여러 가지 데이터 타입을 선택할 수 있는 팝업이 활성화된다.

이것은 One과 two를 정의하고 나서 파라미터 이름을 quantity1과 quantity2로 지은 것과 유사하다[10].

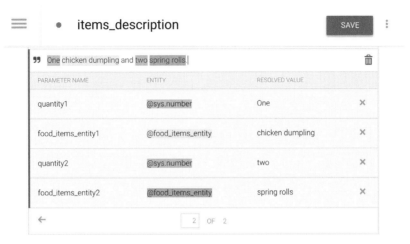

그림 3-6 품목 명세 인텐트

이러한 것들은 인텐트가 활성화되면 보게 될 JSON 응답을 이해하는 데 도움이 되므로, 챗봇 구축을 진전시키기 위해 위와 같은 값들을 정의할 필요가 있다.

따라서 단어 혹은 단어의 조합을 선택하고 활성화된 팝업에서 새로 만들기Create New를 클릭하도록 한다. 엔티티를 생성하기 위한 새로운 창이 열리는데, 이곳에 엔티티 이름을 입력하고 저장하기를 수행한다.

저장이 완료되면 items_description 인텐트로 다시 돌아와 보자, 그림 3-6과 유사한 화면을 볼 수 있을 것이다.

학습 문구Training Phrases에 계속해서 사용자 표현을 추가하고 엔티티를 선택하도록 하자[11].

모두 완료되었다면 총 4개의 어터런스가 추가되었을 것이다. 우리는 생성한 에이전트가 더 정확하게 알맞은 인텐트에 분류할 수 있도록 가능한 많은 어터런스를 계속해서 추가해 볼 것이다.

Dialogflow는 에이전트의 학습 데이터를 공유할 수 있는 기능을 갖고 있다. 이 책에 사용된 학습 데이터는 https://github.com/Apress/building-chatbots-with-python 또는 영진닷컴 홈페이지

---

10 **역주** 그림 3-6과 같이 chicken dumpling이라는 단어를 하이라이트하여 food_items_entity를 선택하기 위해서는 해당 엔티티가 먼저 생성되어 있어야 한다. 엔티티 메뉴를 통해 생성하거나 뒤이어 나오는 것처럼 단어를 선택한 후 새로 만들기(Create New) 버튼을 클릭하여 생성할 수 있다.

11 **역주** 그림 3-6과 동일해질 때까지 진행한다.

를 통해 다운로드가 가능하다. 이제 그림 3-7처럼, 품목 명세 인텐트에 몇 가지 예를 더 추가해 보자.

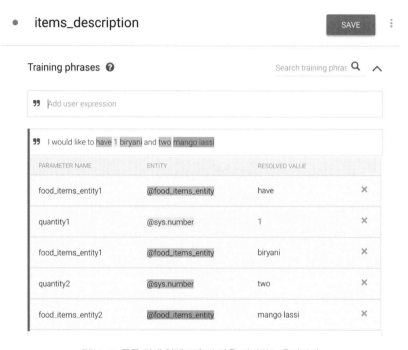

그림 3-7 품목 명세 인텐트에 더 많은 어터런스 추가하기

이제 지금까지 구축한 인텐트를 저장하도록 하고 에이전트의 모델 학습을 종료한다. 다음 문장을 우측에 입력하면 아래의 JSON 응답을 확인할 수 있다[12].

One chicken dumpling and two spring rolls.
치킨 만두 한 개와 스프링롤 두 개

인텐트 응답:

```
{
  "id": "e8cf4a44-6ec9-49ae-9da8-a5542a80d742",
  "timestamp": "2018-04-01T21:22:42.846Z",
  "lang": "en",
```

---

12 역주 Dialogflow 버전과 구축 내용에 따라 JSON 응답이 동일하지 않을 수 있다.

```
"result": {
    "source": "agent",
    "resolvedQuery": "One chicken dumpling and two spring rolls",
    "action": "",
    "actionIncomplete": false,
    "parameters": {
        "quantity1": 1,
        "food_items_entity1": "chicken dumpling",
        "quantity2": 2,
        "food_items_entity2": "spring rolls"
    },
    "contexts": [],
    "metadata": {
        "intentId": "0b478407-1b37-4f9a-8779-1866714dd44f",
        "webhookUsed": "false",
        "webhookForSlotFillingUsed": "false",
        "intentName": "items_description"
    },
    "fulfillment": {
        "speech": "",
        "messages": [
            {
                "type": 0,
                "speech": ""
            }
        ]
    },
    "score": 1
},
"status": {
    "code": 200,
```

```
    "errorType": "success",
    "webhookTimedOut": false
  },
  "sessionId": "e1ee1860-06a7-4ca1-acae-f92c6e4a023e"
}
```

JSON 응답 중에 parameters 부분은 다음과 같이 구성되었음을 볼 수 있다.

```
{
"quantity1": 1,
"food_items_entity1": "chicken dumpling",
"quantity2": 2,
"food_items_entity2": "spring rolls"
}
```

앞서 논의한 것처럼, 파이썬을 이용하면 이러한 JSON 응답을 우리가 원하는 포맷으로 손쉽게 변경할 수 있다.

> **Note**
>
> 파이썬 작성 능력을 시험해 볼 겸, 위의 JSON 응답을 읽어 들여 그 안에 속한 음식과 수량을 또 다른 JSON 포맷으로 응답하는 코드를 작성해 보자.

3-3-6 대화를 이해하고 사용자에게 응답하기

이제부터 챗봇은 사용자의 대화에서 주문 및 주문과 관련된 부가적인 정보들을 이해하고 응답해야 할 것이다. 여기서 부가정보란 주문 ID, 주문 금액, 주문 수량, 예상 배송 시간 등이 될 수 있다. 이러한 정보들이 구현 중인 서버에 저장될 것이고, 우리는 해당 정보를 이용해 챗봇이 사용자에게 알맞은 응답을 주도록 구현해야 한다.

먼저 Dialogflow에서 구현 중인 인텐트의 **기본 응답**default response 기능을 이용하여 주문 금액을 추가해 보자. 주문 금액은 품목, 수량 그리고 어디서 주문하는지에 따라 달라지는데, 일단은 코드 내에 해당 금액을 직접 입력hardcode하도록 한다. 챕터 후반부에는(직접 입력하지 않고) API를 이용해 동적으로 처리할 수 있는 방법을 다룰 예정이다.

여기서 흥미로운 것은 (응답을 정의할 때) 음식 품목, 수량과 같이 인텐트에 생성한 파라미터에 접근할 수 있다는 사실이다.

'텍스트 응답Text response' 필드에 $parameter_name 포맷을 사용하면 파라미터 테이블에 존재하는 값을 참조할 수 있다는 사실을 곧 이해할 수 있을 것이다.

이 파라미터를 기본응답으로 사용함으로써, 챗봇이 사용자의 주문을 확인시켜 줄 수 있게 된다. 다음과 같이 응답을 추가해 보자.

> "Done. Your final amount is XYZ and your order is placed for $quantity1 $food_items_entity1 and $quantity2 $food_items_entity2"
> 치킨 만두 한 개와 스프링롤 두 개 주문 완료되었고요, 총 금액은 XYZ입니다.

> **Note**
> 인텐트가 음식의 품목, 수량을 파싱하지 못할 경우를 대비하여, 챗봇이 이해하지 못한 부분을 설명하거나 이해한 것이 맞는지 확인하는 기본 응답 또한 준비해 주어야 한다. '인텐트에 기본 응답 추가하기' 절에서 응답을 추가하는 방법을 이미 다루었으니 참고하도록 하자.

주문 처리 상태 인텐트

이제 사용자가 주문 처리 상태를 요청할 경우를 대비하여, order_status 인텐트를 생성하도록 한다. 그림 3-8은 order_status라고 명명한 인텐트에 추가한 학습 문구들이다.

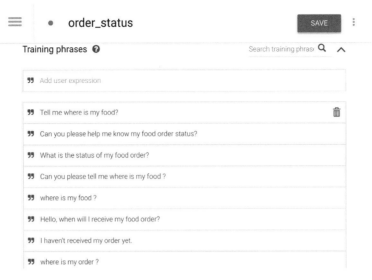

그림 3-8 주문 처리 상태 인텐트 생성하기

이제 주문 처리 상태를 요청하는 어터런스를 자유롭게 입력해보고, 챗봇이 정확하게 인텐트를 식별하는지 확인해 보자. 필자는 "Haven't received my food yet,"이라고 입력하였고, 챗봇은 **order_status** 인텐트임을 정확하게 인식하였다. 그림 3-9의 JSON 응답에서 resolvedQuery와 intentName에서 확인할 수 있다.

```
1 ▾ {
2       "id": "e68790f6-3d9c-4398-a7b1-5b1f6a3d0f1b",
3       "timestamp": "2018-04-01T21:45:20.386Z",
4       "lang": "en",
5 ▾     "result": {
6           "source": "agent",
7           "resolvedQuery": "Haven't received my food yet",
8           "action": "",
9           "actionIncomplete": false,
10          "parameters": {},
11          "contexts": [],
12 ▾        "metadata": {
13              "intentId": "a76ae537-b648-4e81-a03d-eca7bc84b136",
14              "webhookUsed": "false",
15              "webhookForSlotFillingUsed": "false",
16              "intentName": "order_status"
17          },
18 ▾        "fulfillment": {
19              "speech": "",
20 ▾            "messages": [
21 ▾                {
```

그림 3-9 사용자의 질의가 처리된 Dialogflow의 JSON 응답

User_Order_ID 인텐트

다음은 사용자에게 주문 ID를 요청하는 것이다. 인텐트의 기본 응답에는 다음의 질문이 설정될 것이다.

Can you please help me with your order ID?
주문 ID가 어떻게 되시나요?

질문을 받은 사용자는 본인의 주문 ID를 입력할 것이고, 챗봇은 그것을 식별하고 다시 응답을 제공해야만 한다.

따라서 사용자가 주문 ID 관련한 대화를 진행할 때 그것을 식별할 수 있는 새로운 인텐트 생성이 필요하다.

우리가 생성하고 있는 인텐트들은 매우 독립적으로 존재한다는 사실을 기억하도록 하자. 위 케이스에서 사용자는 주문 ID를 입력할 것이고, 해당 ID는 대부분 정확할 것으로 예상된다. 만약 틀리다면 사용자에게 다시 입력을 요청하면 된다.

또한 경우에 따라서는 주문 ID와 전화번호가 모두 정수integers일 수도 있다는 점도 유의해야 한다. 그런 경우에는 order_id 혹은 주민등록번호의 자릿수와 같은 몇 가지 검증을 해야 한다. 때로는 앞의 질문을 내용을 통해 사용자가 응답한 것이 order_id인지 전화번호인지 구별해 낼 수도 있다. 챕터1에서 보았듯이, 이러면 챗봇이 더욱 나은 결정을 할 수 있도록 결정 트리 decision tree를 이용할 수 있다. 혹은 주문 처리 상태 인텐트 이후에 주문 ID를 요청하고, 사용자로부터 해당 ID를 입력받는다는 사실을 프로그램적으로 추적, 관리하는 것이 인텐트를 추가하는 것보다 쉬운 경우도 있다.

본 예제에서는 혼란이 없도록 주문 ID 인텐트를 별도로 만들 것이다.

user_order_id 인텐트를 생성해 보도록 하자.

그림 3-10은 user_order_id 인텐트의 학습 문구들을 보여준다.

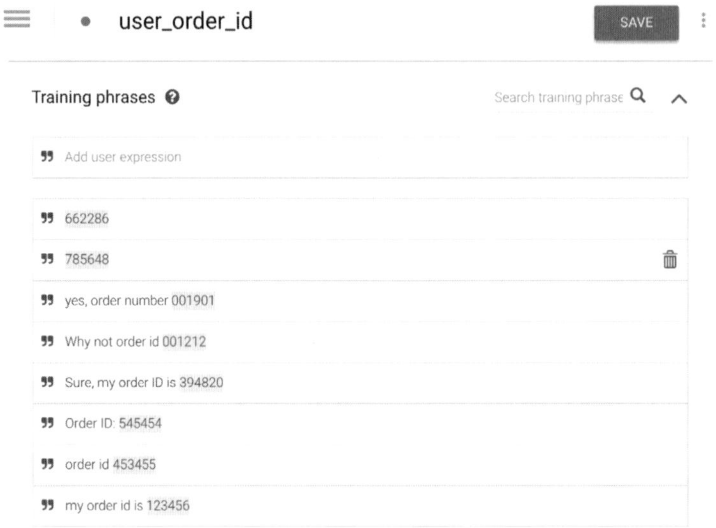

그림 3-10 사용자의 주문 ID 인텐트 정의하기

직접 몇몇 테스트를 진행한 결과 user_order_id 인텐트로 잘 분류되는 것을 확인할 수 있었다. 이 책을 읽는 독자들도 인텐트를 생성한 후에는 잘 동작하는지 확인하기 위해 Dialogflow 콘솔을 통해 테스트를 진행할 것을 권장한다.

이제 user_order_id의 기본 응답을 다음과 같이 설정해 보자.

> Order Status for Order ID: $order_id. The delivery guy is in your locality, your food will arrive in about 5 minutes.
>
> 배달원이 근처에 있습니다. 5분 안에 주문한 음식이 도착할 예정입니다.

user_order_id 인텐트에서도 파싱된 파라미터를 이용하여 사용자에게 회신할 응답을 준비한다.

User_Thanks 인텐트

이번에는 사용자가 챗봇의 응답에 여러 가지 다양한 문장으로 감사를 표현할 때를 위한(물론 감사를 표현하지 않을 수도 있지만) user_thanks 인텐트를 생성해 보자. 사용자의 감사 표현에 대해 챗봇이 적절하게 대응할 수 있어야 하므로 user_thanks 인텐트도 매우 중요하다고 할 수 있다.

사용자가 주문 처리 상태를 확인한 후 그저 "thanks"라고만 말할 것이라고 예상한다면 잘못된 생각이다. 다양한 감사 표현에 대해 식별하고 적절하게 응답할 수 있도록 인텐트를 구성해야 한다.

그림 3-11을 통해 user_thanks 인텐트를 구성한 예시를 참고하도록 하자.

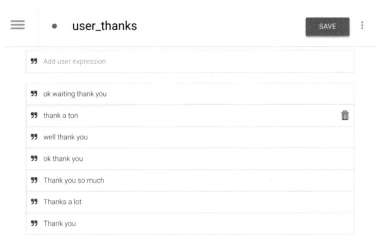

그림 3-11 사용자가 감사 표현을 했을 때의 인텐트 정의하기

이제 기본 응답 기능을 이용하여 사용자에게 감사 인사를 하고, 이것이 대화의 마지막임을 인텐트에게 알려 주도록 하자.

"Thanks a lot for your cooperation.(협조에 감사드립니다)"과(와) 같은 문장을 기본 응답에 추가하면 될 것이다.

그림 3-12와 같은 콘솔을 통해 다양한 응답을 추가한다면 구현 중인 챗봇을 조금 더 현실적으로 보이게 만들 수 있다.

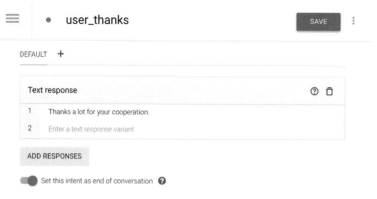

그림 3-12 다양한 응답 추가하기

또한 그림 3-12에서는 대화의 마지막임을 설정할 수 있는 버튼이 있다는 것을 확인할 수 있다. 만약 구글 Assistant에 챗봇을 연동하였다면, 위 설정을 통해 인텐트가 종료되었을 때 Assistant의 마이크를 끌 수 있게 된다.

지금까지 우리는 챗봇을 디자인하고, 표현을 학습하는 등 구현을 마쳤다. 이번에는 실제로 웹에 배포해보고 어떻게 동작하는지를 확인해 보도록 하자.

3-4 Dialogflow 챗봇을 웹에 배포하기

이 절에서는 페이스북 메신저, 트위터, 슬랙과 같은 다양한 플랫폼에 챗봇을 연동해 보고 잘 동작하는지 확인해 볼 것이다. 독자들이 구현한 챗봇을 손쉽게 연동할 수 있는 수많은 플랫폼들이 존재한다.

이 책에서는 그 중 Dialogflow의 웹 데모web demo와 페이스북 메신저를 통해 챗봇 연동 테스트를 진행해 볼 것이다.

Dialogflow 계정의 연동Integrations 페이지로 이동하여 **웹 데모**Web Demo를 활성화해 보자. 그림 3-13과 같은 팝업창이 뜨게 될 것이다. 팝업에서 링크를 클릭한다.

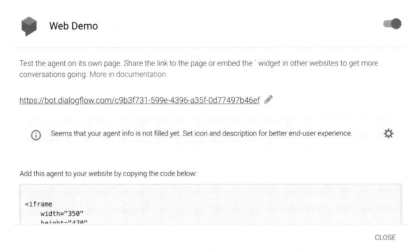

Web Demo

Test the agent on its own page. Share the link to the page or embed the ` widget in other websites to get more conversations going. More in documentation.

https://bot.dialogflow.com/c9b3f731-599e-4396-a35f-0d77497b46ef

ⓘ Seems that your agent info is not filled yet. Set icon and description for better end-user experience.

Add this agent to your website by copying the code below:

```
<iframe
    width="350"
    height="430"
```

CLOSE

그림 3-13 Dialogflow 웹 데모(Web Demo) 링크

그림 3-14-1에서 3-14-4까지와 유사한 화면들을 보게 될 것이다. 필자는 구현한 챗봇과 몇 가지 대화를 나눈 결과, 의도한 대로 잘(그리고 매력적으로) 동작하는 것을 확인하였다.

그림 3-14-1 OnlineEatsBot Demo Conversation 화면 1

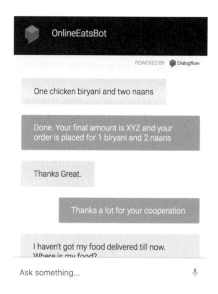

그림 3-14-2 OnlineEatsBot Demo Conversation screen 화면 2

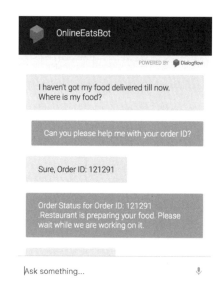

그림 3-14-3 OnlineEatsBot Demo Conversation 화면 3

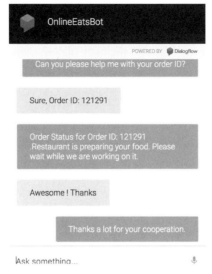

그림 3-14-4 OnlineEatsBot Demo Conversation 화면 4

앞의 팝업창 URL을 iframe 코드[13]를 이용하여 원하는 웹 사이트 어디에나 내장embed할 수도 있다.

필자가 구현한 챗봇과 대화를 원한다면 아래 링크에 접속해 보자[14].

https://bot.dialogflow.com/c9b3f731-599e-4396-a35f-0d77497b46ef

직접 구현한 챗봇도 가족 또는 친구들과 공유하고, 그들과 의사소통이 가능한지 확인해 보자. 만약 문제가 발견된다면 개선하기 위해 노력해 보자.

3-5 Dialogflow 챗봇과 페이스북 메신저 연동하기

이 절에서는 웹 데모와 연동했던 챗봇을 페이스북 메신저에 배포해 보도록 하자. 배포에 성공한다면 페이스북 유저는 챗봇 URL에 접속할 필요 없이 챗봇을 사용할 수 있게 될 것이다.

먼저 Dialogflow 대시보드의 연동integrations 페이지로 돌아가서 페이스북 메신저 아이콘을 활성화enable하고 클릭하도록 하자. 위에서 보았던 유사한 팝업이 나타나는 것은 확인할 수 있을 것이다.

---

13 역주 웹 사이트에 다른 웹 페이지를 넣을 수 있는 방법. ⟨iframe src="URL"⟩⟨/iframe⟩과 같은 형태로 이용 가능하다.

14 역주 크롬 브라우저에서 원활하게 접속하여 확인할 수 있다.

이제 페이스북에 접속하여 앱을 등록하고 필요한 토큰을 얻어와야 한다.

- Verify Token(검증용 토큰, 사용자가 자신만의 목적을 위해 생성한 임의의 문자열)
- Page Access Token(페이지 접속 토큰, 페이스북 개발자 콘솔에서 생성된 토큰)

Dialogflow와 페이스북 연동은 Dialogflow 기술을 기반으로 자연어 이해가 가능한 페이스북 메신저 챗봇을 손쉽게 만들 수 있다는 의미로도 해석할 수 있다.

3-5-1 페이스북 설정하기

독자들이 구현한 챗봇을 페이스북에서 동작시키기 위해 다음을 수행하도록 하자.

1. 페이스북 계정 생성(계정이 없는 경우)
2. 챗봇을 추가할 페이스북 페이지 생성

생성한 페이스북 페이지를 누군가 방문하여 메시지를 보낼 때, 그 사용자와 챗봇 간의 대화가 시작된다.

3-5-2 페이스북 앱 생성하기

다음을 순서대로 수행하여 앱을 생성해 보자.

1. 페이스북 개발자 콘솔에 로그인
2. 우측 코너 상단의 **My Apps** 클릭
3. **Add a New App**을 클릭하고 챗봇 이름과 이메일 주소 입력
4. 그림 3-15와 같은 화면에서 **Create App ID** 클릭

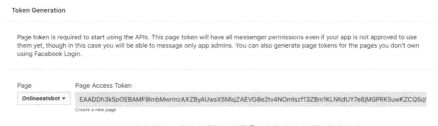

Create a New App ID

Get started integrating Facebook into your app or website

Display Name

OnlineEatsBot

Contact Email

YOUR-CONTACT-EMAIL@example|com

By proceeding, you agree to the Facebook Platform Policies   Cancel   Create App ID

그림 3-15 페이스북 개발자 플랫폼에서 신규 앱 생성하기

5. 메신저 옵션Messenger option의 **Set Up** 버튼 클릭

6. **토큰 생성**Token Generation 화면의 페이지 선택박스에서, 앞에서 생성한 챗봇 이름을 선택

Token Generation

Page token is required to start using the APIs. This page token will have all messenger permissions even if your app is not approved to use them yet, though in this case you will be able to message only app admins. You can also generate page tokens for the pages you don't own using Facebook Login.

Page   Page Access Token

Onlineeatsbot ▾   EAADDh3kSpOEBAMF9lmbMwrmzAXZByAUwsX5MiqZAEVG8e2tv4NOmIszf13ZBm1KLNKdUY7e8jMGPRKSuwKZCQSqt

Create a new page

그림 3-16 페이지(Page)에서 챗봇 이름을 선택하여 토큰 생성하기

위를 통해 Page Access 토큰이 생성되었다. 이 정보를 Dialogflow에 입력해야 하므로 잘 저장해 두도록 하자.

3-5-3 Dialogflow 콘솔 설정하기

다음과 같이 진행해 보자.

1. Dialogflow 콘솔의 왼쪽 메뉴에서 연동 옵션Integrations option을 클릭하고, 페이스북 메신저 또한 기동하도록 한다. 옵션 팝업이 열리면, 그림 3-17과 같은 정보를 입력하여 페이스북 메신저와 Dialogflow를 연동한다.
   - **Verify Token**(검증용 토큰, 사용자가 자신만의 목적을 위해 생성한 임의의 문자열)
   - **Page Access Token**(페이지 접속 토큰, 페이스북 개발자 콘솔에서 생성된 토큰)

2. 모든 정보를 입력하였다면 **시작**Start 버튼을 클릭한다.

Facebook Messenger

Create and teach a conversational bot for Facebook Messenger.

After you design and test your Dialogflow agent, you can launch your Messenger bot

1. Get your Facebook Page Access Token and insert it in the field below.
2. Create your own Verify Token (can be any string).
3. Click 'START' below.
4. Use the Callback URL and Verify Token to create an event in the Facebook Messenger Webhook Setup.

More in documentation.

Callback URL	https://bots.dialogflow.com/facebook/c9b3f731-599e-4396-a35f-0d77497b46ef/webhook
Verify Token	ENTER YOUR_OWN_TOKEN HERE|
Page Access Token	EAADDh3kSpOEBAMvXKtPFjLqxNJgZAje4QqyNbBEpSAVTSqemikwTDeTl0pvmNt9rZAKMDuQ

START

그림 3-17 Dialogflow와 페이스북 메신저 연동 설정하기

시작 버튼을 클릭했을 때 정상적이라면 "Bot was started."라는 메시지를 볼 수 있을 것이며, 그것은 곧 지금까지 잘 진행되고 있다는 것을 의미한다.

다음 절을 살펴보기 전에 연동설정에서 입력한 callback URL, Verify Token, Page Access Token에 대하여 잠시 살펴보도록 하자.

Callback URLs

callback URL은 챗봇과 연동한 페이스북 페이지에 입력된 사용자의 실시간 처리 요청을 POST 방식으로 전송하기 위해, 페이스북이 접속해야 할 접근 가능한 URL을 의미한다.

예를 들어 OnlineEats 챗봇에서 음식 주문에 대해 지불 처리를 해야 한다고 가정해 보면 반드시 은행의 지급 페이지를 갔다가 다시 챗봇으로 돌아와야redirect 할 것이다. 따라서 OnlineEats 챗봇은 지급이 완료된 후 돌아올 callback URL을 은행에 제공해야만 한다.

페이스북의 경우 챗봇으로 돌아오지는 않지만, 사용자가 채팅창에 입력한 모든 메시지들을 callback URL 혹은 webhook을 통해 실시간으로 챗봇에게 전달한다.

메시지를 전달받은 챗봇 서버는 우리가 구현한 대로 인텐트 분류, 엔티티 파싱 등을 수행하고 사용자에게 응답할 메시지를 준비한다.

Verify Token

verify token은 연동 사실을 검증하기 위해, 챗봇과 연결되는 시스템으로 전송되는 임의의 문자열을 의미한다. 이 토큰이 필요한 이유는 챗봇 서버에게 지금 전송되는 요청이 우리가 설정한 페이스북 연동과 관련된 것이라는 걸 말해주기 위해서이다.

예를 들어 누군가가 우리가 구현한 챗봇의 webhook을 알게 되고 페이스북으로 가장하여 메시지를 보낸다면, verify_token을 사용하여 해당 요청이 올바르지 않다는 것을 검증해 낼 수 있다. 이와 유사한 논리로, 챗봇과 연결되는 시스템마다 각각 다르게 토큰을 정의하면 동일한 callback URL로 요청이 오더라도 그 요청의 적정성을 파악하고 대처할 수 있게 된다.

Access Token

페이스북 API는 페이스북 페이지를 관리하기 위하여 Page Access Tokens을 요구한다. 이 토큰은 페이지, 관리자admin, 앱마다 각각 고유한 값으로 관리되며 사용할 수 있는 기간이 정해져 있다.

 webhook 구성을 위해 필요한 callback URL과 Verify Token을 잘 보관해 두도록 한다.

3-5-4 Webhooks 설정하기

챗봇의 webhook을 설정하기 위하여 **페이스북 개발자 콘솔**Facebook Developer Console에 다시 접속한다.

1. 대시보드Dashboard의 PRODUCTS(+)를 클릭하고 나타난 것들 중 Webhooks의 [Set Up] 버튼을 클릭한다. "subscribe to this object."버튼을 클릭하여 나타난 팝업에 아래의 정보를 입력한다.
   - **Callback URL**: Dialogflow의 페이스북 메신저 연동 페이지에서 제공된 URL
   - **Verify Token**: 연동 사실 검증을 위해 개발자가 입력한 임의의 문자열

2. Messenger ▶ Settings ▶ Setup Webhooks을 차례로 클릭하여 그림 3-18과 같은 새로운 팝업창을 오픈한다. 여기에 callback url과 verify token을 입력하도록 하자.

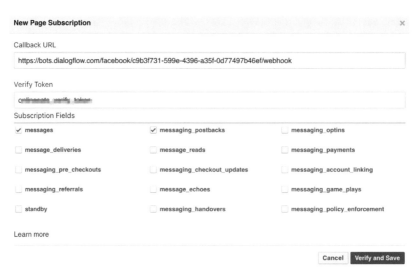

그림 3-18 Dialogflow 챗봇을 위한 페이스북 webhooks 설정하기

3. Subscription Fields에서 messages와 messaging_postbacks을 체크 표시한다. 독자가 구
    성한 챗봇에 다른 옵션들이 필요하다면 추가로 체크하도록 하자.

4. Verify and Save 버튼을 클릭한다. 그림 3-18을 참고하도록 하자.

Settings 페이지로 돌아 왔을 때는 Webhooks가 "Complete" 상태여야 한다. webhook을 설정
할 때 Subscription Fields에서 알맞게 선택했는지를 다시 한 번 확인하도록 하자.

3-5-5 챗봇 메신저 테스트하기

챗봇을 테스트하기 위해선 앱을 공개public해야 한다.

1. 페이스북 개발자 콘솔Facebook Developer Console 왼쪽 메뉴에서 App Review를 클릭한다.

2. Make <Your APP Name> public? 아래 스위치를 클릭하여 공개되도록 한다. 만약 Invalid
    Privacy Policy URL 경고가 뜬다면, Basic Settings link로 이동하여 Privacy Policy URL에
    임의의 URL을 입력하고 잠시 후 Save Changes를 클릭하도록 하자. 그리고 다시 App Review
    로 돌아와 스위치를 클릭하여 문제가 없는지 확인한다.

3. Category를 선택하는 메시지를 볼 수 있을 것이다.

4. 목록에서 Education 혹은 구현한 챗봇과 어울리는 것을 자유롭게 선택한다.

5. 그림 3-19와 같이 Confirm 버튼을 클릭하여 페이스북 앱을 공개한다.

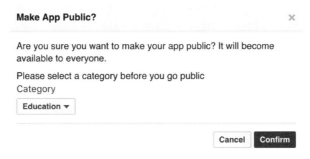

그림 3-19 페이스북 앱(app) 공개(public)하기

이제 페이스북 페이지의 이름을 생성하도록 하자. 이 이름은 누군가가 챗봇을 이용할 때 대화하게 될 이름일 것이다. 사용자 이름을 설정하려면 그림 3-20과 같이 페이지의 About 섹션에서 **Create Page @Username** 링크를 클릭하면 된다. 간단한 이름을 생성하는 것만으로 구현한 챗봇과 페이스북 페이지를 다른 사람들과 공유하는 데 많은 도움이 될 것이다.

그림 3-20 페이스북 챗봇 페이지 이름 생성하기

Dialogflow의 웹 데모^{web demo}를 통해 테스트한 것과 동일한 방법으로 페이스북 메신저와 연동한 챗봇을 시험해보자. 그림 3-21-1부터 3-21-4까지 살펴보면 구현한 챗봇이 어떻게 동작하고 있는지를 확인할 수 있을 것이다.

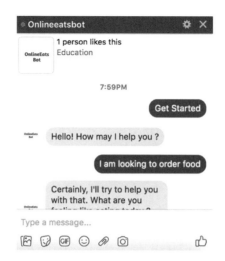

그림 3-21-1 페이스북 메신저 OnlineEatsBot 데모 화면 1

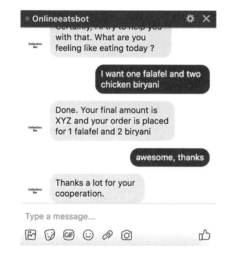

그림 3-21-2 페이스북 메신저 OnlineEatsBot 데모 화면 2

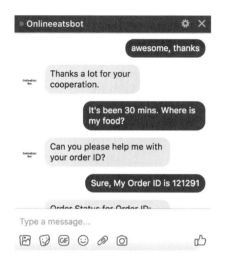

그림 3-21-3 페이스북 메신저 OnlineEatsBot 데모 화면 3

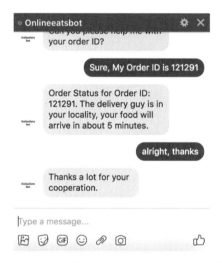

그림 3-21-4 페이스북 메신저 OnlineEatsBot 데모 화면 4

지금까지 챗봇을 구현하는 방법을 살펴보았다.

챕터4에서는 Dialogflow의 API나 대시보드에 의존하지 않고 동일한 챗봇을 구현할 예정이므로, 지금보다 더 흥미롭게 느낄 것이라 확신한다.

무언가에 의지하지 않고 자신이 모든 것을 통제할 수 있을 때 더욱 매력적이지 않은가?

Note 계정 설정(account settings)에서 에이전트를 추출(export)하거나 등록(import)할 수 있다. 챗봇을 압축형태로 다운로드(OnlineEatsBot.zip)하여 이것을 Dialogflow에 등록(import)하면 챗봇을 재현할 수 있다.

현시점에서 아마도 레스토랑 혹은 어떤 제조사들의 API와 연동하여 실시간으로 음식을 주문하거나 현황을 조회하는 방법이 궁금해졌을 것이다. 다음 챕터로 넘어가기 전에 원하는 API를 호출해 필요한 데이터를 회신 받아 챗봇에서 적절한 사용자 응답을 형성하는 방법에 대해 알아보도록 하자.

Dialogflow에서 "Fulfillment"라고 불리는 것에 대해 살펴본다.

3-6 Fulfillment

사용자가 요청한 실시간 정보를 얻기 위해서는 API를 신규로 개발하거나 기존 API를 사용해야 한다. Dialogflow에서는 이를 위해 fulfillment라고 하는 것을 설정할 필요가 있는데, 구체적으로 서비스를 배포deploy하고 API를 호출하는 것 등을 진행해야 한다.

API를 구축하고 배포하는 것에 대한 핵심을 살펴볼 필요는 없지만, 구글 혹은 페이스북의 API를 이용하기 위해선 적어도 어떻게 호출하여 사용하는지에 대해 익숙해질 필요가 있다.

필자는 Flask[15] 기반의 API를 구축하여 Heroku[16]에 배포하였다. 단순히 url에 포함된 order_id를 받아 임의의 order_status를 리턴하는 fulfillment를 위해 이것을 사용할 것이다. Heroku에 익숙하지 않더라도 걱정할 필요는 없다. 로컬 환경에서 코드를 실행하고 테스트를 해도 관계없다. 또한 다음 챕터에서는 Heroku를 이용해 많은 애플리케이션을 배포할 것이므로 곧 익숙해질 수 있을 것이다.

작성된 코드를 통해 order_identity, intentName 등이 어떻게 파싱되는지도 확인할 수 있다.

코드는 flask_onlineeats_demo.zip에서 찾을 수 있다.

요청 URL: https://radiant-bayou-76095.herokuapp.com/onlineeatsbot/api/v1.0/order_status/

---

15 **역주** Python으로 구동되는 웹 애플리케이션 프레임워크 (출처: 위키백과)

16 **역주** 여러 프로그래밍 언어를 지원하는 클라우드 플랫폼 서비스. 웹 서버의 기능을 포함하는 플랫폼 및 인프라를 제공한다.
(출처: slideshare.net/WooyoungKo1/0605-resfatoring-thirdsession)

Dialogflow Fulfillment는 인텐트로부터 JSON 응답을 생성하여 이 URL로 POST할 것이며, 웹 서버에서는 이것을 파싱하여 관련 엔티티entities 및 값values을 찾고 필요한 액션을 수행해야 한다.

또한 Heroku에 샘플 Flask 앱 코드를 배포하여, 챗봇의 fulfillment와 함께 동작하는 나만의 엔드 포인트를 보유할 수도 있다.

이제 엔드 포인트의 webhook 호출이 활성화되도록, 인텐트에서 JSON 응답을 POST할 것이다. 엔드 포인트는 전달받은 order_id 엔티티entity를 파싱해 내고, 그것을 기반으로 한 액션을 수행하는 코드를 갖고 있다. 참고로 해당 코드는 현재 리스트에서 임의로 선택된 현황status 정보를 반환하는 코드로만 구성되어 있다.

API가 잘 작동하는지 확인해보기 위하여, POSTMAN[17]으로 이동하여 그림 3-22의 샘플 데이터와 같이 테스트해 보자. 로컬에서 Flask 앱을 실행 중이라면 로컬 URL을 사용한다.

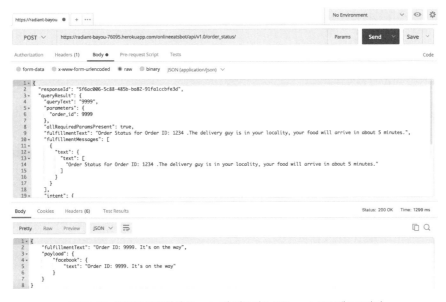

그림 3-22 POSTMAN에서 Heroku에 배포된 fulfillment API 테스트하기

---

17 역주 API 개발을 쉽고 빠르게, 개발된 API를 테스트할 수 있고, 팀원들 간 공유를 할 수 있게 해주는 플랫폼
(출처:devkyeol.tistory.com)

3-6-1 Webhook 활성화하기

Dialogflow의 fulfillment 페이지로 이동하여 webhook을 활성화해 보자. 그림 3-23을 참조한다.

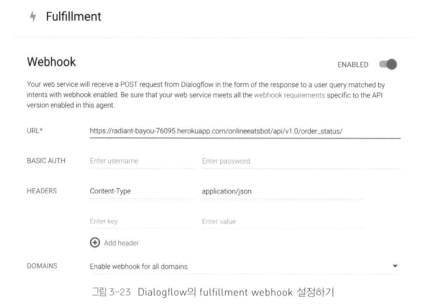

그림 3-23 Dialogflow의 fulfillment webhook 설정하기

user_order_id 인텐트를 위한 webhook call을 활성화해야 한다는 것을 다시 한 번 확인하도록 하자. 그림 3-24를 참고한다.

그림 3-24 특정 인텐트의 webhook call 활성화하기

Dialogflow는 그림 3-25와 같이 webhook URL로 JSON body를 POST할 것이다.

JSON

```
1 ▾ {
2     "responseId": "6e48703b-0259-4d6c-81a1-c6e6b2da0d07",
3 ▾   "queryResult": {
4       "queryText": "Order ID is 234",
5 ▾     "parameters": {
6         "order_id": 234
7       },
8       "allRequiredParamsPresent": true,
9       "fulfillmentText": "Order ID: 234.0. Restaurant preparing the food",
10 ▾    "fulfillmentMessages": [
11 ▾      {
12 ▾        "text": {
13 ▾          "text": [
14             "Order ID: 234.0. Restaurant preparing the food"
15           ]
16         }
17       }
18     ],
19 ▾   "webhookPayload": {
20 ▾     "facebook": {
21         "text": "Order ID: 234.0. Restaurant preparing the food"
22       }
23     },
24 ▾   "intent": {
25       "name": "projects/hellooa-fdfca/agent/intents/9a39f983-74e8-487c-bb67
             -a22b728fc3d2",
26       "displayName": "user_order_id"
27     },
28     "intentDetectionConfidence": 0.97,
29 ▾   "diagnosticInfo": {
30       "webhook_latency_ms": 200
31     },
32     "languageCode": "en"
33   },
34 ▾ "webhookStatus": {
35     "message": "Webhook execution successful"
36   }
37 }
```

CLOSE   COPY

그림 3-25 Dialogflow에서 webhook 엔드 포인트로 전송되는 JSON 데이터

3-6-2 응답 확인하기

Dialogflow는 그림 3-25와 같은 JSON body를 웹 서버로 POST할 때마다 그림 3-26과 같은
형태의 응답을 기대한다.

```json
{
"fulfillmentText": "This is a text response",
"fulfillmentMessages": [
  {
    "card": {
      "title": "card title",
      "subtitle": "card text",
      "imageUri": "https://assistant.google.com/static/images/molecule/Molecule-Formation-stop.png",
      "buttons": [
        {
          "text": "button text",
          "postback": "https://assistant.google.com/"
        }
      ]
    }
  }
],
"source": "example.com",
"payload": {
  "google": {
    "expectUserResponse": true,
    "richResponse": {
      "items": [
        {
          "simpleResponse": {
            "textToSpeech": "this is a simple response"
          }
        }
      ]
    }
  },
  "facebook": {
    "text": "Hello, Facebook!"
  },
  "slack": {
    "text": "This is a text response for Slack."
  }
},
"outputContexts": [
  {
    "name": "projects/${PROJECT_ID}/agent/sessions/${SESSION_ID}/contexts/context name",
    "lifespanCount": 5,
    "parameters": {
      "param": "param value"
    }
  }
],
"followupEventInput": {
  "name": "event name",
  "languageCode": "en-US",
  "parameters": {
    "param": "param value"
}}}
```

그림 3-26 Dialogflow가 기대하는 webhook URL로부터의 응답

API 응답이 그림 3-26과 정확히 같지 않더라도 긴장할 필요는 없다. JSON body의 모든 key 값이 필수사항은 아니므로 독자들의 챗봇 인텐트가 오류를 발생시키지는 않을 것이다. 다음은 필자의 API 응답이며 원활히 동작하였다.

```
{
    "fulfillmentText": "Order ID: 9999. It's on the way",
    "payload": {
        "facebook": {
            "text": "Order ID: 9999. It's on the way"
        }
    }
}
```

동일한 API를 다시 전송하여도 이전과는 다른 주문 처리 현황order status이 리턴될 것이다. 그렇지만 Dialogflow가 기대하는 포맷만큼은 동일하다.

```
{
    "fulfillmentText": "Order ID: 9999. Rider has picked up your food,
    please wait for another 10-15 minutes",
    "payload": {
        "facebook": {
            "text": "Order ID: 9999. Rider has picked up your food, please
                wait for another 10-15 minutes"
        }
    }
}
```

여기서 fulfillmentText key가 챗봇이 사용자에게 응답할 항목에 해당한다.

이제 기존에 추가했던 정적인 기본 응답^{default responses} 대신에 챗봇이 공개 URL을 통해 API 응답을 받을 수 있도록 시도해 보자.

이것이 Dialogflow의 fulfillment 기능을 이용하여 외부 API 혹은 자체 구성한 API와 챗봇을 연동시켜 보다 역동적이고 실시간 처리가 가능한 시스템을 구성하는 방법이 될 것이다.

챕터3

이 챕터에서는 Dialogflow를 이용하여 챗봇을 구축하는 방법에 대해 살펴보았다. 구체적으로 인텐트와 각각의 엔티티 등을 정의하는 방법에 대해 학습하였다. 이를 통해 사용자가 주문한 음식의 품목과 수량 등을 이해할 수 있는 챗봇을 구축해 보았고, 그것을 조금 더 강화하여 사용자가 주문 현황을 물어볼 때 주문 ID를 요청하여 주문 ID에 해당하는 처리 현황을 응답할 수 있도록 하였다.

또한 API를 통해 주문 처리 현황을 받아 사용자에게 적절하게 응답해 주는 Dialogflow의 fulfillment에 대해서도 살펴보았다. 그리고 챗봇의 web demo를 생성하거나 외부 메신저와 연동하여 테스트도 수행하였다. 따라서 이 시점에서 독자들이 챗봇이 어떻게 동작하는지에 대해 상당히 많이 이해했을 것이라고 믿는다.

다음 챕터에서는 조금 더 어려운 방법으로 챗봇을 구축하는 방법을 학습해 본다. Dialogflow와 같은 도구에 의존하지 않고 모든 것을 스스로 프로그램하여 구현해 볼 것이다. 처음부터 모든 것을 스스로 구축할 예정이므로 이전보다 훨씬 더 재밌을 것이라고 확신한다. 마치 챗봇을 학습시키고 길들인다고 느껴질 것이다.

조금 더 재밌어질 마음의 준비가 되었다면 다음 챕터를 넘겨보자.

4 CHAPTER

어려운 방법으로
챗봇 구현하기

Building Chatbots the Hard Way

어려운 방법으로 챗봇 구현하기

모든 것을 통제할 수 있는 나만의 챗봇을 구축하고 학습하는 일(이 챕터에서 다룰 "어려운 방법으로 챗봇 구현하기")이 쉬운 것은 아니지만, 그렇다고 지나치게 어려운 것도 아니다. 따라서 필요한 모든 것을 스스로 구축하기 위해 조금 힘든 길을 택하는 것은 가치있는 일이 될 것이다. 힘들었던 모든 여정을 마치고 뒤를 돌아보면 모든 것이 매우 명쾌하고 아름답게 느껴질 것이다.

"위대함으로 이끄는 것은 험난한 길이다."

It is a rough road that leads to the heights of greatness.　　　　　　　　　　　　　－Lucius Annaeus Seneca

만약 파이썬을 알고 있고, 패키지 설정 방법 등을 이해하고 있다면 이 챕터를 학습하는 데 아무런 문제가 없을 것이다. 만약 개발자라면 이 챕터가 쉽게 느껴질 수도 있다. 또한, 관리자 혹은 관련 기술을 다뤄본 적이 없는 사람이라고 할지라도, 하나하나 단계별로 학습을 진행한다면 문제없이 이 챕터를 끝마칠 수 있을 것이다. 챗봇 구현과 관련해 여러 핵심core things을 다루는 이 챕터를 포기하지 말고 모두 학습해내길 강력히 권장한다.

이 챕터에서는 챗봇을 구축하는 데 필요한 모든 내용을 다룰 뿐 아니라, Rasa NLU[1]를 이용하여 머신러닝이 자연어 처리와 함께 어떻게 동작하는지도 확인해 볼 것이다. 이 책의 초반부에도 언급했듯이, 결정 트리decision trees를 갖고 활용할 수 있다는 것은 챗봇 구현에 큰 도움이 된다. 이 챕터에서 챗봇을 구현할 때 어떠한 규칙rules을 사용해 구현할 것은 아니지만, 그렇다고 지금 머신러닝이 100% 완벽하게 동작할 수 있는 수준인 것은 아니다. 따라서 어떤 기능

1　역주 챗봇을 만들기 위해 필요한 대화의도 분류(intent classification)와 개체 추출(entity extraction)을 위한 오픈 소스 자연어 처리 도구 (출처: semantics.kr)

을 구현할 때, 머신러닝을 활용할 것인지 정적인 규칙을 적용할지는 전적으로 해당 기능의 용도use-case와 개발자의 결정에 달려 있다. 때로는 머신러닝이 너무나 잘 동작하여 어떠한 휴리스틱[2]도 필요하지 않은 경우도 있겠지만, 경험상 구현한 챗봇을 상품화하여 판매할 때는 신중히 처리해야 한다. 정확히 동작하지 않는 기능은 해당 기능이 없는 것보다 못하기 때문이다.

이 챕터에서는 독자들과 함께 Rasa NLU라는 오픈 소스 라이브러리를 사용하여 챗봇을 구현하는 방법을 학습할 것이며, Dialogflow, Watson, wit.ai와 같은 챗봇 제작 클라우드 서비스는 전혀 이용하지 않을 것이다. Rasa NLU는 매우 정교한 라이브러리이고 그 안에 매우 많은 기능들을 가지고 있지만, 우리는 이 중 챗봇 구현에 필요한 기능과 개념들에 대해서만 다룰 예정이다.

4-1 Rasa NLU란 무엇인가?

Rasa NLU는 챗봇의 인텐트intent 분류classification와 엔티티entity 추출extraction에 사용되는 오픈 소스 자연어 처리 라이브러리이다. 이것을 통해 챗봇에 구현하고자 자연어 처리를 커스터마이징 할 수 있다.

이 챕터에서는 Rasa NLU의 두 가지 내용에 대해 주로 다루게 될 것이다.

- **Rasa NLU**: Rasa NLU를 통해 우리는 챗봇에 대한 학습 데이터를 준비하고, 설정 파일configuration files을 작성하고, 파이프라인pipeline을 선택하고, 모델을 학습시키는 방법을 배울 것이다. 그리고 마지막에는 구현한 모델을 이용하여 문장에서 인텐트를 예측하고 엔티티를 파싱하는 방법을 배울 것이다.

- **Rasa Core**: 두 번째 파트에서는 사용자에게 돌려줄 응답을 준비하기 위한 Core dialog management model을 학습시키는 방법에 대해 배울 것이다. 이 절에서 다룰 내용들은, 처리해야 할 질문과 대답이 매우 많고 다양한 인텐트가 챗봇에 구성되어 있을 때 더더욱 중요해진다. 결정 트리에 추가해야 할 조건이 지나치게 많고, 챗봇을 엔터프라이즈급의 대형 애플리케이션에 적용하여 디버깅 등에 많은 시간이 소요될 것으로 예측된다면, 응답을 생성하는 머신러닝 모델을 학습시키는 것이 현명한 방법이 될

---

2   역주 heuristic, 불충분한 시간이나 정보로 인하여 합리적인 판단을 할 수 없거나, 체계적이면서 합리적인 판단이 굳이 필요하지 않은 상황에서 사람들이 빠르게 사용할 수 있는 어림짐작의 방법 (출처: 위키백과)

수 있다. 사용자에게 이해할 수 없는 문장을 응답할 수는 없으므로, 잘 학습된 모델이 얼마나 좋은 성능을 발휘하는지 지켜보는 것은 매우 즐거운 일이다.

4-1-1 Rasa NLU를 사용해야 하는 이유는 무엇인가?

Rasa NLU가 그저 여러 가지 메소드methods를 보유한 다른 라이브러리들과 유사한 것이라고 생각한다면 틀렸다고 할 수 있다. 이것은 상상할 수 있는 거의 모든 종류의 챗봇을 만드는 능력을 가지고 있다. 정적인 규칙을 코드화하여 문장의 의미를 이해하는 것이 아닌, 머신러닝을 학습시킴으로써 명확한 의미를 이해하게 하는 마법과 같은 능력을 경험할 수 있을 것이다. Rasa NLU를 왜 사용하는지에 대해 아래의 관점에서 생각해 보자.

- Rasa NLU는 매우 활동적으로 관리되고 있는 프로젝트로서, 매우 탄탄한 커뮤니티를 보유하고 있다.
- 챗봇에서 처리되는 민감한 데이터를 제3자와 공유하지 않기 위해서는, Rasa NLU와 같은 오픈 소스 툴을 활용하여 챗봇의 모든 것을 구현해야 한다. 이렇게 하면 모든 데이터가 구현자의 서버에서 처리된다.
- 데이터를 학습하고 어터런스의 인텐트를 찾기 위해 Dialogflow와 같은 서드파티third-party 서비스에 의존하면, 항상 신뢰할 수는 없는 API를 호출해야만 한다. 그들의 서버가 다운된다면 챗봇은 어떻게 되겠는가.
- 챗봇을 만들기 위해 Rasa NLU를 사용하면 챗봇을 완전히 제어할 수 있다. 원하는 데이터를 원하는 방식으로 교육, 튜닝 그리고 최적화할 수 있다. Rasa NLU를 사용하면 고정된 알고리즘에 의존하지 않고 어떤 머신러닝 알고리즘이 데이터셋에 가장 적합한지 실험할 수도 있다.

4-1-2 Rasa NLU 시작하기

이 절에서는 Rasa stack을 설치하고 데이터를 학습하여 모델을 구축하는 실습을 시작할 것이다. 우리의 삶을 더 쉽게 만들어 주는 멋진 오픈 소스 라이브러리를 이용해 보자.

Rasa 설치하기

Rasa를 설치하기 위해, spaCy 설치 때 이전 챕터에서도 수행한 pip 명령을 실행해 보자. 여기서는 Rasa 버전 0.13.2를 사용할 것이다.

```
pip install rasa-nlu==0.13.2
```

Rasa NLU는 인텐트를 분류하고 엔티티를 인식하기 위한 다양한 컴포넌트components를 갖고 있다. 각각의 컴포넌트는 그들만의 고유한 디펜던시dependencies를 가지고 있다[3].
모델을 학습시킬 때 Rasa NLU는 요구되는 모든 디펜던시dependencies가 설치되었는지를 확인한다. 만약 Rasa 라이브러리가 사용하는 모든 요구사항full requirements을 설치하려면 다음과 같이 수행하도록 한다.

```
git clone https://github.com/RasaHQ/rasa_nlu.git    •·············· 저장소(repo)를 복제
cd rasa_nlu    •·············· rasa 디렉토리로 이동
pip install -r alt_requirements/requirements_full.txt    •·············· 전체 요구사항(full requirements) 설치
```

첫 번째 명령어는 완료될 때까지 다소 시간이 걸릴 수 있다.

Rasa Pipeline 결정하기

파이프라인은 모델을 학습시키기 위해 사용되는 알고리즘 집합이다. Rasa NLU에는 Spacy_sklearn과 tensorflow_embedding이라는 두 개의 파이프라인이 널리 사용된다. 두 가지 모두 잠시 살펴보도록 하자.

spacy_sklearn

- spacy_sklearn 파이프라인pipeline은 GloVe 알고리즘 혹은 페이스북 AI팀이 개발한 fastText라고 하는 알고리즘에서 미리 학습된 단어 벡터word vectors를 이용한다.
- spacy_sklearn은 "보스턴의 날씨는 어떠니?"와 같은 말(어터런스)을 하는 상황에서 놀라울 정도로 잘 작동한다. "런던의 날씨는 어떠니?"와 같은 동일한 어터런스 예제를

---

3   역주   여기서 디펜던시는 '어떤 컴포넌트가 원활하게 동작하기 위해 필요한 모든 것'으로 이해하면 될 것으로 보인다.

모델에 학습시키고 그것이 어떠한 인텐트인지 예상하도록 하면, 해당 모델은 보스턴 과 런던이 유사하며 동일한 인텐트에 속한다는 것을 쉽게 파악할 수 있을 정도로 매우 스마트하다.

- 이 파이프라인은 데이터가 규모가 작을 때 매우 유용하다.

tensorflow_embedding

- tensorflow_embedding 파이프라인pipeline은 spacy_sklearn과 같이 사전에 훈련된 단 어의 벡터를 사용하지 않고, 사용자가 제공한 데이터에 따라 학습을 진행한다.

- 그러므로 tensorflow_embedding의 장점은 사용하는 단어 벡터들이 구현하고 있는 업 무영역과 일치한다는 것이다.

- tensorflow_embedding이 어떻게 작용하는지 예를 들어 설명하자면, 영어에서 "play" 라는 단어는 "스포츠", "즐거운 액티비티", "레크리에이션의 활동" 등과 밀접한 관련 이 있을 수 있으며, "act"라는 단어와는 매우 다르게 보일 수 있다. 하지만 연극theater 영역domain에서는 "play"와 "an act"는 밀접한 관계가 있는데, 여기서 "play"의 의미는 "극작가가 쓴 문학의 형태"를 의미한다. 이러한 영역 정보는 모델이 학습할 때 반드시 알아야 할 것들이며, 사전에 학습된 어떤 정보들로 인하여 현재 영역에서의 의미를 잘 못 이해해서는 안 될 것이다.

4-2 처음부터 다시 챗봇을 학습시키고 구축하기

챕터3을 읽은 독자라면 Dialogflow를 이용해 구축한 음식 주문 챗봇과 인텐트intents, 엔티티 entities, 사용자 응답 등에 대해 잘 이해하고 있을 것이다.

이와 유사한 용도use-case를 목적으로 하는 챗봇을 이 챕터에서 처음부터 다시 구현해 보두록 하자. 예제들을 반드시 동일하게 사용해야 하는 것은 아니다. 독자들이 원하는 용도를 찾고, 각 단계들을 차근차근 따라 개발하면 나만의 챗봇을 완성할 수 있을 것이다.

이제 사용자의 질문을 이해하여 별자리에 따른 오늘의 운세를 응답하는 챗봇을 구현해 보자.

4-2-1 별자리 운세(horoscope) 챗봇 만들기

오픈 소스 라이브러리 Rasa NLU을 이용하여 챗봇을 구현하는 본 예제를 통해 별자리 운세 챗봇을 구현해 볼 것이다. 먼저 챗봇의 구현 범위를 결정하고 무엇을 할지 생각해 보자.

- 별자리 운세 챗봇은 인사말greetings을 이해하고 인사말로 답할 수 있어야 한다.
- 봇은 사용자가 별자리 운세에 대해 질문을 하고 있는지 이해할 수 있어야 한다.
- 봇은 사용자가 별자리를 제공하지 않는 경우 그것을 물어볼 수 있어야 한다.
- 사용자가 자신의 별자리를 모를 경우 봇은 사용자의 생년월일을 요청하여 찾아 주어야 한다.
- 매일매일 별자리 운세를 제공받기 위한 구독 혹은 구독 취소가 가능해야 한다.
- 봇은 기존에 수행한 응답을 학습하여 새로운 응답을 형성할 수 있어야 한다.
- 봇은 사용자의 철자 실수spelling mistakes를 처리할 수 있어야 한다.

위와 같은 구현 범위를 고려하여 챗봇이 해야 할 일을 간단히 정의해 보자.
구현 범위에 해당할 수 있는 인텐트는 다음과 같다.

- **인사말 인텐트**: 사용자가 인사말로 대화를 시작할 때
- **별자리 운세 요청 인텐트**: 사용자가 별자리 운세를 요청할 때
- **사용자 별자리 응답 인텐트**: 사용자가 자신의 별자리를 말할 때
- **사용자 생년월일 응답 인텐트**: 사용자가 자신의 생년월일을 말할 때
- **구독 인텐트**: 사용자가 구독을 요청할 때

챗봇을 디자인하고 코드를 작성하는 방법에 따라, 위의 모든 것을 필요로 할 수도 있고 하지 않을 수도 있다. 혹은 독자가 원하는 챗봇의 용도를 모두 커버하기 위해 위에서 언급되지 않은 또 다른 인텐트가 필요할 수도 있다. 이 챕터에서는 별자리 운세를 제공하는 기본적인 일을 수행하는 챗봇을 구현해 볼 것이다. 그리고 후반부의 실습을 통해 몇 가지 용도를 추가해 보노록 한다.
이것들은 지금까지 우리가 공부해온, 봇과 사용자의 대화 속에서 인텐트를 인식하게 하는 것과 동일한 것이다.

4-2-2 별자리 운세(horoscope) 챗봇과 사용자 간의 대화 스크립트

챗봇과 사용자 사이에 가능한 대화 스크립트를 만들어 보자. 챕터1에서 언급했듯이 대화 스크립트를 작성하는 것은 소프트웨어를 구축하기 전에 소프트웨어 요구 문서software requirement document를 준비하는 것과 같다. 요구 사항들은 나중에 변경될 수도 있겠지만, 챗봇 애플리케이션에서 어떤 일이 일어날지에 대한 전반적인 견해를 제공한다.

사용자와 챗봇의 대화는 다음과 같을 것이다.

User: Hello
(사용자: 안녕하세요.)

Horoscope Bot: Hello! Hope you are doing well.
(별자리 운세 챗봇: 안녕하세요! 잘 지내시죠?)

User: I want to know my horoscope.
(사용자: 네, 제 별자리 운세를 알고 싶어요.)

Horoscope Bot: Sure, may I know your horoscope sign?
(별자리 운세 챗봇: 네, 당신의 별자리를 알 수 있을까요?)

User: Capricorm
(사용자: Capricorm)

Horoscope Bot: Sorry, did you mean Capricorn?
(별자리 운세 챗봇: 죄송합니다만, Capricorn(염소자리)을 말씀하시는 건가요?)

User: Yes.
(사용자: 네네.)

Horoscope Bot: Alright, Here is your horoscope for today. Chances are that you'll feel upbeat and positive today. Share this energy with others who feel less than content. Your attitude can have a profound effect on friends, partners, spouse, and children. Neighbors and extended family can pick up on your spirit without you even realizing it. If someone is hurt or angry, be encouraging. Everything will eventually work out.
(별자리 운세 챗봇: 좋습니다. 오늘의 별자리 운세를 제공해 드리겠습니다. 오늘은 매우 즐겁고 긍정적인 하루가 될 것 같습니다. 이 에너지를 그렇지 못한 다른 사람들과 공유하도록 노력하세요. 당신의 이러한 태도는 친구, 파트너, 배우자, 자녀들에게 좋은 영향을 줄 수 있을 것입니다. 이웃과 가족들은 자신들도 모르는 사이에 당신과 같이 긍정적이 될 것입니다. 누군가에게 무슨 일이 있더라도 너무 걱정하지 마세요, 모든 것이 결국에는 잘 풀리게 될 것입니다.)

Horoscope Bot: Would you like to subscribe for the daily updates?

If yes, just say subscribe.

(별자리 운세 챗봇: 별자리 운세를 매일 제공받기를 원하시나요? 그렇다면 구독해 주시기 바랍니다.)

User: Yes, please subscribe.

(사용자: 네, 구독하겠습니다.)

Horoscope Bot: Great, you are subscribed now. Have a good day.

(별자리 운세 챗봇: 좋습니다. 지금 구독되었습니다. 좋은 하루 보내세요.)

이 대화를 통해 챗봇의 대화가 어떻게 진행될지 짐작할 수 있다. 생각하는 용도에 따라 위 대화들의 흐름을 변경하고 싶을 수도 있다. 우리는 if...else 구문이 아닌, 이러한 대화에 가능한 응답들을 준비할 수 있도록 스스로 학습된 챗봇 모델을 구현할 수 있다.

4-2-3 챗봇을 위한 데이터 준비하기

Rasa NLU는 사용자 데이터에서 인텐트와 엔티티를 정의하는 다양한 방법들을 가지고 있다. 그것은 단일 파일 혹은 여러 개의 파일이 포함된 디렉토리 형태의 markdown 혹은 JSON 타입의 데이터를 지원한다.

이 절에서는 먼저 가장 어렵지만 매우 확장성이 높은 방법을 살펴볼 것이다. JSON 파일은 만들기는 어렵지만, 프로그램적으로 매우 쉽고 확장성이 높다.

JSON 포맷의 모델 데이터 생성하기

Rasa NLU가 지원하는 JSON 포맷의 데이터는 common_examples, entity_synonyms, regex_features의 키key를 가진 rasa_nlu_data라고 하는 최상위 오브젝트가 있다.

이 중 common_examples이 앞으로 구현하게 될 내용에서 가장 중요한 것이다. 다음은 JSON 데이터의 기본적인 형태이다.

```
{
    "rasa_nlu_data": {
        "common_examples": [],
        "regex_features" : [],
        "entity_synonyms": []
    }
}
```

common_examples 키^{key}는 JSON 데이터의 중심에 위치하며, 모델을 학습시키는 데 사용된다. 우리는 학습 예제들을 common_examples 배열에 추가할 것이다.

regex_features는 인텐트 분류의 정확성을 향상하고 엔티티를 잘 인식할 수 있도록 도와주는 도구이다.

이제 JSON 파일을 작성해 보자. **data.json**이라고 명명한다.

1. **horoscope_bot**이라는 폴더를 만든다.

2. 현재 작업 디렉토리를 horoscope_bot으로 변경한다.

3. 주피터 노트북을 시작한다.

4. **data**라는 새 폴더를 생성한다.

5. 데이터 폴더를 클릭하고 주피터 노트북의 New 메뉴 아래의 "Text File"로 이동한다.

6. 만들어진 파일의 이름을 클릭하고 이름을 **data.json**으로 변경한 이후, 챗봇의 인텐트를 작성한다.

5. 6단계에서는 Sublime, Notepad++, PyCharm 등과 같은 텍스트 에디터를 사용하여 JSON 파일 작업을 수행해도 좋을 것이다.

다음은 data 폴더 아래 직접 작성한 data.json의 모습이다.

```
{
    "rasa_nlu_data": {
        "common_examples": [
```

```
        {
            "text": "Hello",
            "intent": "greeting",
            "entities": []
        },
        {
            "text": "I want to know my Horoscope",
            "intent": "get_horoscope",
            "entities": []
        },
        {
            "text": "Can you please tell me my horoscope?",
            "intent": "get_horoscope",
            "entities": []
        },
        {
            "text": "Please subscribe me",
            "intent": "subscription"
        }
    ],
    "regex_features": [],
    "entity_synonyms": []
  }
}
```

위와 같이 수동으로 작성하는 것은, 기존에 살펴본 Dialogflow와 같은 툴을 이용하는 것에 비해 매우 까다롭다고 할 수 있다. 따라서 이번엔 Rasa의 학습 데이터를 생성하기 위해 흥미로운 툴 한 가지를 살펴보도록 하자. Polgar Andras가 만든 이 툴은 데이터를 점검하고 수정하는 데 큰 도움이 된다. 수동으로 모든 것을 생성해야 하는 작은 프로젝트를 수행할 때 이 툴을 통해 많은 시간을 절약할 수 있을 것이다. 데이터를 처리하는 애플리케이션을 구현할 때, 이 툴에서처럼 그것을 먼저 시각화해보는 것은 언제나 좋은 습관이다.

이제 보다 나은 방법으로 데이터를 생성해 보도록 하자. 전에 생성한 data.json은 잘 저장해 두도록 한다.

Rasa의 JSON 데이터를 시각화하고 수정하기

이 절에서는 Rasa NLU 트레이너라는 툴을 사용하여 데이터(지금까지 만든 데이터)를 시각화한다. 이 툴은 또한 우리가 데이터에 주석을 달도록 도와준다. Dialogflow 인터페이스를 설명한 챕터3을 기억하는 독자라면, 엔티티, 이름, 타입을 손쉽게 정의했다는 것도 기억하고 있을 것이다. 여기서도 이 툴을 사용하여 동일한 작업을 수행할 예정이다.

Rasa NLU 트레이너는 브라우저 자체에서 훈련 데이터를 편집하기에 매우 유용하고 편리한 도구이다. JSON 데이터를 처리하는 것은 까다롭고 오류로 이어질 수도 있다. 그러나 이 유용한 도구를 이용하여 우리는 손쉽게 기존 데이터를 편집하거나 더 많은 예를 추가할 수 있다. 또한 주석을 표기할 때에도 많은 시간을 절약할 수 있다. Rasa NLU 트레이너는 자바스크립트 기반이므로, 먼저 node.js를 설치해야 한다. 다음의 단계들을 수행해 보자.

1. https://www.npmjs.com/get-npm에 접속하여 node.js.를 다운로드한다.

2. 위 사이트에서 가이드한 대로 패키지들을 설치한다. 설치가 완료되면 새로운 터미널 창에서 "npm"을 입력하여 정상적으로 수행되는지 확인한다.

책에서는 LTS version 8.11.4.를 설치하였다. node.js. 설치가 완료되었다면 이제 다음 명령어를 통해 rasa-nlu-trainer를 설치한다.

```
sudo npm i -g rasa-nlu-trainer
```

모두 성공적으로 설치되었다면, 아래와 유사한 로그들을 볼 수 있을 것이다.

```
[fsevents] Success: "/usr/local/lib/node_modules/rasa-nlu-trainer/
node_modules/fsevents/lib/binding/Release/node-v57-darwin-x64/fse.node"
already installed
Pass --update-binary to reinstall or --build-from-source to recompile
npm WARN slick-carousel@1.8.1 requires a peer of jquery@>=1.8.0 but none is
```

installed. You must install peer dependencies yourself.

+ rasa-nlu-trainer@0.2.7

added 492 packages in 10.14s

로그 메시지가 동일하지 않더라도, 오류가 없다면 염려하지 않아도 된다. rasa-nlu-trainer가 성공적으로 설치되어 잘 동작하는지 곧 알게 될 것이다.

이전에 생성한 데이터 폴더로 이동하여 다음의 명령어를 수행한다.

rasa-nlu-trainer

이 명령어를 입력하면 55703 포트를 사용하는 로컬 서버가 시작되며, 그림 4-1과 같이 디폴트 브라우저에서 열리게 될 것이다.

그림 4-1 로컬호스트에서의 rasa-nlu-trainer

그림에서 보는 것처럼, data.json으로부터 데이터를 추출하여 브라우저에 보여지며, 이 화면에서 새로운 예제를 추가하거나 삭제, 편집해 data.json 파일을 확장할 수 있다.

모델이 더 잘 학습할 수 있도록 여기에 더 많은 인텐트를 추가해 볼 것을 권장한다. 만약 이 챕터에서 설명하는 동일한 챗봇을 구현하고자 한다면 영진닷컴 홈페이지의 부록 CD 다운로드에서 제공하는 예제 파일의 data.json을 활용할 수 있다.

Dialogflow를 이용한 챕터3을 학습할 때, 어터런스에서 엔티티를 선택하는 것으로 손쉽게 정의했었던 것을 기억할 것이다. 여기서도 이 툴을 사용하여 동일하게 엔티티를 정의할 수 있고, 이후 파싱될 이름을 명명할 수 있다. 예제의 토글 버튼^{toggle button}을 클릭하여 텍스트를 선택하고, 이름을 명명하여 엔티티를 추가해 보자.

정의한 각 인텐트에 5~6개의 어터런스를 추가하였다. 더 많은 예를 추가할수록 모델은 더 잘 학습되고 높은 정확성을 나타낼 것이다.

지금 다시 data.json 파일을 확인해보면, 더 많은 예제들이 추가된 것을 확인할 수 있을 것이다. rasa-nlu-trainer UI를 통한 추가 작업이 모두 완료되었다면 지금 바로 data.json 파일을 열어보도록 하자.

또한 data.json 파일을 보면, **rasa-nlu-trainer** UI를 사용하여 정의한 엔티티가 **common_example** 목록에 start 및 end 키[key]로 포함되었다는 것을 알 수 있을 것이다. 이는 특정 엔티티 값이 어느 지점에서 시작되고 언제 끝나는지를 모델에 알려준다.

구성된 예제는 다음과 같다.

```
{
    "text": "19-01",
    "intent": "dob_intent",
    "entities": [
      {
        "start": 0,
        "end": 2,
        "value": "19",
        "entity": "DD"
      },
      {
        "start": 3,
        "end": 5,
        "value": "01",
        "entity": "MM"
      }
    ]
}
```

4-2-4 챗봇 모델 훈련(training)하기

이 절에서는 준비한 데이터를 이용하여 모델을 학습시켜 보도록 한다. 주피터 노트북을 통해 파일을 생성하고 관리했던 것처럼, 새로운 .ipynb을 생성하고 앞서 논의한 파이프라인 중 한 가지를 선택하여 모델을 학습시키는 파이썬 코드를 작성해 보자.

설정 파일(Configuration File) 생성하기

이전에 주피터 노트북을 사용하여 파일을 만든 것과 같은 방식으로 다시 JSON 파일을 만들고 config.json이라고 명명하도록 하자. 해당 파일은 프로젝트 폴더인 horoscope_bot 밖에 저장하도록 한다.

그리고 다음의 설정 사항 등을 추가해 보자.

```
{
    "pipeline":"tensorflow_embedding",
    "path":"./models/nlu",
    "data":"./data/data.json"
}
```

보는 바와 같이 config.json에는 몇 가지 중요한 설정 파라미터들이 존재한다. 각각의 의미를 파악해보자.

- **pipeline**: pipeline은 입력받은 문장에서 중요한 정보를 추출하기 위한 플랫폼 featurizers 혹은 feature extractors으로 무엇을 사용할 것인지에 대하여 명시한다. 이 챕터에서는 텐서플로우_임베딩^{tensorflow_embedding}을 사용하고 있다.

- **path**: path는 학습을 끝마친 모델을 어디에 보관할지 정의한 디렉토리이다. 이 책에서는 /models/nlu 폴더에 보관한다.

- **data**: data는 모델을 학습시키기 위한 훈련 데이터를 저장하기 위한 경로이다.

config.json 작성이 완료되었으면, 파이썬 코드로 이동하여 머신러닝 모델을 학습시켜 보도록 한다.

YAML 설정

다음과 같은 .yml 파일을 설정파일로 사용해도 무관하다. github repo를 통해서 config.yml 예제를 저장할 수 있다.

예제 1

```
language: "en"
    pipeline: "tensorflow_embedding"
```

예제 2

```
language: "en"
    pipeline:
    - name: "nlp_spacy"
    - name: "tokenizer_spacy"
    - name: "intent_entity_featurizer_regex"
    - name: "intent_featurizer_spacy"
    - name: "ner_crf"
    - name: "ner_synonyms"
    - name: "intent_classifier_sklearn"
```

모든 수신 메시지는 정의된 구성 요소components의 순서에 따라 처리되는데, 이 때 정의된 구성 요소가 순차적으로 하나씩 실행되므로 프로세싱 파이프라인processing pipeline이라고 부르는 것이다. 엔티티 추출, 인텐트 분류, 전처리 등 각각의 목적에는 서로 다른 구성요소가 사용된다. 이러한 포맷의 장점은 Rasa를 통해 사전에 정의된 파이프라인을 명확하게 지정할 수 있다는 것이다.

모델의 학습과 예측을 위한 파이썬 코드 작성하기

새로운 .ipynb 파일을 열고 코드를 작성해 보자. 파일의 이름은 rasa-nlu.ipynb으로 설정한다. 우리는 이미 rasa-nlu==0.13.2를 통해 RASA를 설치했다는 것을 기억하자.

다음은 파이썬에서 data.json과 config.json을 사용하여, Tensorflow_embedding 파이프라인을 통해 모델을 학습시키는 코드이다.

```python
from rasa_nlu.training_data import load_data
from rasa_nlu.model import Trainer
from rasa_nlu import config
from rasa_nlu.model import Interpreter


def train_horoscopebot(data_json, config_file, model_dir):
    training_data = load_data(data_json)
    trainer = Trainer(config.load(config_file))
    trainer.train(training_data)
    model_directory = trainer.persist(model_dir, fixed_model_name =
    'horoscopebot')
def predict_intent(text):
    interpreter = Interpreter.load('./models/nlu/default/horoscopebot')
    print(interpreter.parse(text))
```

코드의 첫 번째 부분은 rasa_nlu 패키지에서 필요한 모든 라이브러리를 임포트import하기 위한 것이다. 그런 다음 train_horoscopebot 및 predict_intent라는 두 가지 메소드method를 정의한다. 첫 번째 메소드는 주어진 학습 데이터와 설정 파일config_file, 모델 디렉토리model_directory를 통해 모델의 학습을 진행한다. predict_intent 메소드는 rasa_nlu에서 로드load한 이미 훈련된 Interpreter model을 사용하여 어떤 새로운 텍스트 예제를 예측할 수 있도록 한다.

4-2-5 모델 학습(훈련)하기

train_horoscopebot 메소드를 파라미터들과 함께 호출하기 위해 다음의 코드를 수행한다.

```python
train_horoscopebot('./data/data.json', 'config.json', './models/nlu')
```

rasa-nlu.ipynb의 코드를 수행하면 다음과 같은 결과를 볼 수 있을 것이나.

```
Epochs: 100%|          | 300/300 [00:01<00:00, 175.69it/s, loss=0.075, acc=1.000]
```

위 코드는 챗봇 모델 학습을 위한 모델 폴더를 생성하는데, 이 폴더는 주피터 노트북, 파일 탐색기 혹은 파인더 앱finder app에서 확인이 가능하다. 해당 폴더에는 여러 가지 인덱스, 메타, pickle 파일[4]들이 생성되어 있을 것이다.

4-2-6 모델을 통해 예측하기

predict_intent 메소드를 문장과 함께 호출하여 학습이 완료된 모델의 성능을 확인해 보자.

```
predict_intent("I am looking for my horoscope for today. I am wondering if you can tell me that.")
```

위 메소드는 실행 결과를 메소드 자체에서 출력하여 보여준다. 출력 결과는 다음과 같다.

```
INFO:tensorflow:Restoring parameters from ./models/nlu/default/
horoscopebot/intent_classifier_tensorflow_embedding.ckpt

{
  "intent": {
    "name": "get_horoscope",
    "confidence": 0.9636583924293518
  },
  "entities": [],
  "intent_ranking": [
    {
    "name": "get_horoscope",
    "confidence": 0.9636583924293518
    },
    {
    "name": "dob_intent",
    "confidence": 0.03462183475494385
```

4 　역주　pickling은 파이썬 객체(목록, 받아쓰기 등)를 문자 스트림으로 변환하는 방법이다. 파이썬의 어떤 객체라도 pickle화 될 수 있으며 이를 통해 디스크 공간을 절약할 수 있다. (출처: pythontips.com)

```
      },
      {
       "name": "greeting",
       "confidence": 0
      },
      {
       "name": "subscription",
       "confidence": 0
      }
    ],
    "text": "I am looking for my horoscope for today. I am wondering if you
    can tell me that."
   }
```

모델은 96%의 신뢰도^{confidence}로 문장이 속한 인텐트를 예측하였다. 매우 놀라운 결과가 아닐 수 없다. 또한 제공된 ipynb 파일을 통해 다른 인텐트들에 대한 예측도 잘 수행함을 확인할 수 있을 것이다. 이러한 결과는 머신러닝과 텐서플로우^{tensorflow}의 우수한 능력 덕분이라고 할 수 있으며, rasa_nlu 라이브러리는 이러한 모든 것을 더욱 쉽게 만들어 준다. 챕터3에서 Dialogflow를 통해 새로운 예제를 추가할 때마다 모델이 스스로 다시 학습했던 기억을 떠올려 보도록 하자. Dialogflow가 없는 여기서도 눈에 보이진 않지만 동일한 절차들이 수행되고 있다. 모델 혹은 모델의 파라미터를 변경할 필요 없이, 우리가 필요한 모든 것을 작성하고 통제하며 구현을 진행할 수 있는 것이다.

텐서플로우를 이용한 모델을 성공적으로 구현, 학습하고 테스트도 해보았으니, 다음 주제인 대화 관리^{Dialog Management}로 넘어가 보자. 그 전에 구현하고 있는 챗봇이 마주할 수 있는 모든 시나리오에 대해 테스트해볼 것을 권장한다. 이를 통해 모델이 잘 동작하지 않는 지점을 파악하여, 개선하기 위한 학습 데이터 추가, 파라미터 수정 등을 수행할 수 있기 때문이다.

학습 데이터에 변경이 일어나면 단지 모델이 해당 데이터를 다시 학습할 수 있도록 해주면 된다. 만약 데이터에 변경이 없다면, 새로운 예제를 가지고 계속해서 예측을 수행하면 된다.

4-3 Rasa Core를 이용한 대화 관리(Dialog Management)

이번 절에서는 Rasa Core 대화 관리를 위한 모델을 학습해 볼 것이다. 지금까지 우리는 어떤 문장의 인텐트를 예측할 수 있는 모델을 준비했으므로, 이제 적절한 응답을 파이썬 코드로 작성하여 사용자에게 돌려주면 될 것이다. 그러나 만약 챗봇에 인텐트를 더 추가하고 싶다면? 다양한 기능을 탑재한 대용량 애플리케이션에 챗봇이 탑재된 경우 확장성이 우수할까? 아마도 대답은 '아니오'일 것이다. 바로 이때 Rasa Core가 도움을 줄 수 있다.

어떤 플랫폼이든 챗봇을 사용해 본 적이 있다면, 특정 조건에서 잘 동작하지 않는 것을 경험해 보았을 것이다. 대화에서의 문맥을 적절하게 관리하지 못하거나, 흐름을 제대로 따라가지 못하는 경우들이 지금도 빈번하게 발생하고 있으므로, 위와 같은 현상은 현재도 진행형이라고 할 수 있다. 그러나 이러한 문제도 Rasa Core의 머신러닝 기반 대화 프레임워크를 통해 손쉽게 개선이 가능하다. Rasa Core는 엔터프라이즈급 대용량 애플리케이션에서의 동작이 입증된, 수천 명의 개발자들이 이용 중인 프레임워크이다. 또한 오픈 소스 기반의, 사용 및 확장이 용이한 준비된 제품이라고 할 수 있다.

4-3-1 Rasa Core와 대화 시스템 조금 더 이해하기

Rasa Core의 코딩으로 들어가기 전에, 대화 관리dialog management 모델에 대해 학습해 보자. 먼저 지금까지 챗봇을 구현하기 위해 어떤 작업들을 수행했는지, 그리고 이것이 어떻게 바뀔지에 대해 얘기해 보자.

하나의 예를 통해 설명해 본다.

만약 우리가 사용자들이 비행기/버스/영화/기차표를 예약하는 것을 도울 수 있는 간단한 챗봇을 구축한다면, 가장 손쉬운 방법은 대량의 if...else 코드를 사용한 스테이트 머신state machine 혹은 결정 트리decision tree를 개발하는 것일 것이다. 그러나 이렇게 구현된 머신은 동작은 하겠지만, 확장성 등을 고려할 때 효율적인 것은 아니다. 가령 어떤 사용자가 챗봇과 처음 대화했을 때 만족스러움을 느꼈다면 추가적으로 무언가를 계속 확장하여 사용하고 싶어질 것이다. 이때 휴리스틱한 방법으로 구현된 챗봇은 머지않아 추가적인 질문에 한계를 드러내고 말 것이다. 사용자의 예상하지 못한 대화에 대해 예외except block 코드로 처리되는 순간 사용자와 개발자 모두 난감한 상황에 처하게 된다.

그림 4-2는 스테이트 머신state machine이 챗봇에서 어떻게 동작하는지에 대해 간단히 설명한다.

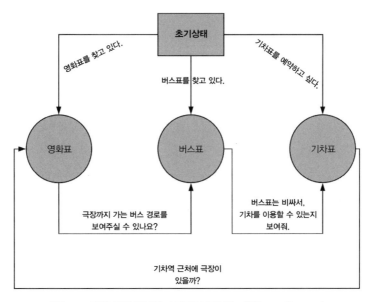

그림 4-2 티켓 예약 챗봇의 스테이트 다이어그램(State diagram)

다이어그램을 살펴보면, 사용자가 영화표, 버스표 혹은 기차표를 찾는 등의 일반적인 대화는 아마도 잘 동작할 것이라고 생각할 수 있다. 그러나 만약 사용자가 버스표와 영화표를 한꺼번에 물어보면 어떻게 될까? 누군가는 아마도 몇몇 if…else 코드를 추가하여 처리하면 되지 않겠냐고 대답할 것이다. 개발에 익숙한 사람이라면 그렇게 해서 스테이트를 추가하거나 정적인 결정 트리를 확장하는 데 많은 시간이 걸리지 않을 수도 있다. 그러나 이러한 조건들이 기하급수적으로 추가되고 이것들을 처리하기 위하여 코드들을 계속 작성해야 하는 상황에 직면한다면, 추가된 코드들 간에 서로 충돌이 일어나는 등 더 이상 진행이 불가능한 단계에 이르게 될 수 있다.

우리의 뇌는 학습(경험)을 하여 무언가를 배우고, 또 다시 학습(경험)을 하여 배운 내용을 수정하는 방식으로 동작한다. 아이가 불이 어떤 영향을 미치는지 모를 때는 만질 수도 있지만, 불이 그들을 다치게 할 수 있다는 사실을 알았을 때는 다시 만지지 않을 것이다. 뇌에 그것이 위험하다는 사실을 학습을 통해 보강했기 때문에 이렇게 동작할 수 있다. 해로운 것이 아닌 이로운 것(보상)을 학습하는 경우에도 동작 방식은 유사하다. 무언가를 했을 때 얻는 것이 있다면 우리는 그 일을 보상(혹은 더 나은 보상)과 연결하고, 이후부터는 보상이 있는 일에 대해 우선하여 수행하게 된다. 이를 머신러닝에서는 강화학습reinforcement이라고 하는데, 머신이 행동을 하고 그 결과를 이해함으로써 특정 상황에서 어떻게 행동해야 하는지를 학습한다.

따라서 학습하기에 데이터가 충분하지 않은 상황, 보상 시나리오를 학습하기에 데이터 품질
이 좋지 않은 경우 등에서는 강화학습이 최선의 접근법이 아닐 수 있다.

그림 4-3은 우리가 지금까지 배우고 있는 Rasa NLU와 Rasa Core가 어떻게 구성되어 동작하
는지를 보여준다.

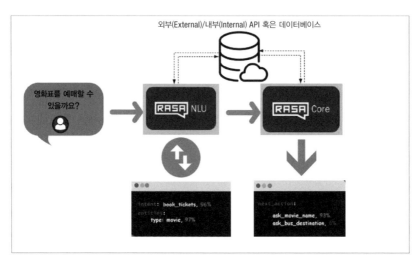

그림 4-3 Rasa NLU와 Rasa Core의 동작을 표현하는 다이어그램

우리는 Rasa Core를 통해 챗봇의 응답과 동작을 명시할 수 있다. 이렇게 명시된 정보를 액션
actions이라고 한다. 사용자에게 인사말을 하거나, 데이터베이스의 정보를 검색하거나 API 혹
은 웹서비스에서 정보를 추출하는 것들이 이러한 액션에 해당한다.

Rasa Core는 과거 사용자들과의 대화를 바탕으로 어떤 액션을 취하는 것이 적정한지 예측하
는 확률 모델probabilistic model을 학습시킬 수 있는 기능을 제공한다. 머신러닝 모델 없이 실행
되어야 하는 액션이나 응답에 대한 수백 가지의 시나리오를 일일이 작성한다고 생각해 보자.
Rasa Core는 비로 이 문제를 해결해 줄 수 있는 것이나.

챕터3에서 OnlineEatsBot을 만들며 구축한 사용자와 로봇의 대화를 살펴보자.

User	OnlineEats
Hello OnlineEats (안녕하세요 OnlineEats)	Hello! How may I help you? (안녕하세요, 무엇을 도와드릴까요?)
I am looking to order food (주문해도 될까요?)	Sure, What would you like to order today? (네, 무엇을 주문하시겠습니까?)

| One chicken burger
(치킨 버거 한개요) | Done. Your final amount is $3.99
(네, 총 3.99 달러 입니다) |
| Thank you
(감사합니다) | Thanks a lot
(감사합니다) |

이 대화는 머신러닝 없이도 구현이 가능할 정도로 간단하게 구성되어 있다.

여기서 흥미로운 질문을 한 가지 떠올려 보자. 만약 구현 중인 챗봇이 주문을 변경할 수 있어야 한다거나, 주문한 음식의 수량을 조정할 수 있어야 한다면 어떻게 해야 할까? 위에서 언급했던 것처럼 시나리오를 추가하고, 인텐트와 어터런스를 추가하고, 그에 따라 복잡성이 증가하고, 이 모든 것을 처리하기 위해 if…else를 계속 배치해야 할까? 적어도 챗봇을 어떤 사업 분야에 배치하여 수익을 내기 위해서는 확장성을 고려해야만 한다. 확장성이 없는 시스템은 오랫동안 살아남을 수 없다. 요약하면 요건에 따라 코드를 계속해서 추가하거나 변경할 수는 없다는 것이다.

Rasa Stack[5]을 통한 머신러닝을 이용하면, 위와 같이 케이스마다 코드를 반복적으로 수정하지 않고도 문제를 해결할 수 있다. Rasa는 사용자 대화의 문맥과 대화의 상태를 기반으로 다음에 챗봇이 동작해야 할 것들에 대해 말해줄 수 있다.

모델은 이전 대화들을 바탕으로 스스로 학습하기 때문에, 4~5개의 고정된 문장 중에서 무작위로 고르는 방식에 비해, 대화를 보다 자연스럽고 사용자 친화적으로 유지할 수 있다.

Rasa는 데이터가 충분하지 않은 경우에는 **상호 학습**interactive learning을 이용할 것을 추천한다. 이에 대해선 이 챕터의 후반부에서 좀 더 다룰 예정이다.

Rasa Stack을 사용하여 봇의 핵심 부분을 구현하기 전에 먼저 몇 가지 개념을 이해할 필요가 있다.

4-3-2 Rasa 개념 이해하기

코드로 구현하기에 앞서, 관련된 몇 가지 구체적인 개념을 이해하는 것은 중요한 일이다. 이번 절에서는 Rasa NLU의 매우 중요하고 유용한 몇 가지 개념을 배우게 될 것이다. Rasa의 도메인 파일 형식domain file format을 사용하여 첫 번째 챗봇을 구축하는 데 사용될 이 개념들에 대해 완전히 이해할 수 있도록 노력해 보자. 개념에 대한 이해 없이 다음 단계로 넘어간다면, 구현이 어려울 수도 있을 것이다.

5 　역주　Rasa NLU, Rasa Core 등 관련된 Rasa 라이브러리들이 함께 동작하도록 쌓여진 형태로 이해하면 될 것이다.

액션(Action)

이름에서 알 수 있듯이, 그것은 취할 수 있는 구체적인 행동을 의미한다. Rasa 문서에 따르면, "다이얼로그 스테이트dialog state에 응답하기 위해 취해야 할 다음의 행동"이라고 되어 있다. 예를 들어, 만약 사용자가 오늘의 별자리 운세를 묻는다면, 챗봇은 "GetTodaysHoroscope" 액션을 실행할 수 있다. "GetTodaysHoroscope"의 코드는 다음과 같이 작성될 수 있을 것이다.

```python
from rasa_core.actions import Action
from rasa_core.events import SlotSet


class GetTodaysHoroscope(Action):
    def name(self):
        return "get_todays_horoscope"

    def run(self, dispatcher, tracker, domain):
        # type: (Dispatcher, DialogueStateTracker, Domain) -> List[Event]

        user_horoscope_sign = tracker.get_slot('horoscope_sign')
        """Write your logic to get today's horoscope details
            for the given Horoscope sign based on some API calls
            or retrieval from the database"""

    return [SlotSet("horoscope_sign", user_horoscope_sign)]
```

name 메소드는 도메인 파일에서 사용자 정의 메소드 이름으로 참조할 액션의 이름을 반환한다. run 메소드는 어떠한 액션이 처리될 수 있는 중심적인 업무를 수행(즉, 고이 비즈니스 로직이 여기에 있다)한다. 코드에서 보다시피 dispatch, tracker, domain 이라고 하는 세 가지 파라미터가 존재한다.

하나씩 그 의미를 확인해 보자.

- **dispatcher**: 사용자에게 메시지를 응답할때 사용된다. dipatcher.utter_message()를 사용하면 동일한 결과를 얻을 수 있다.

- **tracker**: 현재 사용자의 상태 추적기. tracker.get_slot(slot_name)을 이용하여 슬롯slot의 값에 접근할 수 있고, tracker.latest_message.text.를 이용하여 가장 최근의 사용자 메시지를 얻을 수 있다.

- **domain**: 챗봇의 도메인. 이 챕터의 후반부에서 세부내용을 다룰 것이다.

 run 메소드는 이벤트 인스턴스(Events instances)의 목록을 리턴한다.

슬롯(Slot)

슬롯slot은 챗봇이 어떤 일을 책임지고 수행할 수 있도록 해준다. 슬롯은 사용자가 제공한 정보, 데이터베이스 혹은 API를 통해 추출된 정보를 저장하는 공간과도 같다.

슬롯의 용도에 따라 여러 가지 다른 타입type들이 존재한다. 예를 들어 별자리 운세 챗봇에서는 사용자로부터 제공된 별자리horoscope_sign를 위한 **text** 슬롯 타입이 필요할 것이다. Rasa는 다음과 같은 미리 정의된 슬롯 타입들을 제공하므로 필요에 맞게 사용하면 된다. text를 제외한 다음의 타입들을 살펴보자.

- **Boolean** ⇒ 참True/거짓False에 사용
- **Categorical** ⇒ 일부 값 중 하나를 선택해야 하는 상황에 사용
- **Float** ⇒ 연속 값에 사용
- **List** ⇒ 목록list 값에 사용
- **Featurized** ⇒ 대화에 영향을 미치지 않는 내부 정보

템플릿(Templates)

이메일 혹은 문서 작성, 웹 사이트 포트폴리오 혹은 프로세스 흐름도 구성 등 여러 가지 일상에서 템플릿Templates이란 단어를 한 번쯤은 들어보았을 것이다.

Rasa에서 템플릿은 어터런스를 위해 사용된다. 어터런스 템플릿에는 일부 작업이 트리거될 때 사용자에게 전송할 사전에 정의된 텍스트 집합이 포함되어 있다. 동일한 어터런스 혹은 동일한 액션이 수행되어야 할 때, 우리는 템플릿에 정의된 메시지를 사용자에게 보낼 수 있다. 도메인 파일에 정의된 간단한 템플릿의 형태는 다음과 같을 수 있다.

```
templates:
  utter_greet:
    - "hello {name}!"    ●·················· name에 해당하는 부분은 슬롯(slot)의 이름과 동일해도 되고 사용자가 다르게 구성해도 된다.
    custom code
  utter_goodbye:
    - "goodbye"
    - "take care bye"    ●·················· 다양한 템플릿을 구성한다면 챗봇이 랜덤(randomly)으로 선택한다.
    from them
  utter_default:
    - "Sorry, I didn't get that."
```

지금까지 액션actions, 슬롯slots, 템플릿templates 세 가지 개념들에 대해 살펴보았으며, 인텐트intents, 엔티티entities는 챕터3에서 이미 학습하였다. 이제 Rasa를 조금 더 깊게 알아보고 챗봇을 직접 코딩할 준비가 되었다.

4-3-3 도메인 파일(Domain File) 생성하기

Rasa Stack을 사용하여 챗봇을 구축하기 위해 가장 먼저 해야 할 일은 도메인 파일을 만드는 것이다. Rasa 문서에 따르면 다음과 같다.

> "도메인은 챗봇이 운영될 공간을 정의한다. 구현하고자 하는 챗봇과 관련된 인텐트, 엔티티, 슬롯 그리고 액션이 명시되며, 경우에 따라 챗봇이 사용할 템플릿 또한 포함된다."

Rasa core 개념들을 학습하였으므로 문서에서 안내하는 위 내용들을 이해할 수 있을 것이다. YAML를 이용하여 디폴트 도메인 파일Default Domain file을 생성해 보자. Rasa는 .yml 형식을 도메인 포맷으로 정의한다.

YAML은 원래 마크업 언어임을 묘사하고 있는 Yet Another Markup Language를 의미했지만, 후에 마크업 언어가 아닌 데이터 지향적 목적임을 나타내기 위한 YAML Ain't Markup Language의 약자로 이해되고 있다.

이제 rasa-nlu 주피터 노트북 디렉토리로 돌아가서 파일 생성을 시작해보자. 커맨드 라인을 이용하여 모든 코드를 별도의 파일에 작성하고, 에디터를 통해 수정할 수 있음을 기억하자.

필자는 주피터 노트북이 사용하기 편리하고 파일 검색도 용이하다고 생각한다. 독자마다 편리한 개발 환경은 각각 다르겠지만, 주피터 노트북은 필요한 대부분의 기능을 모두 제공한다는 사실만은 기억해 두자.

horoscope_bot 디렉토리에서 horoscope_domain.yml 파일을 생성한다. 다음의 것들은 horoscope_domain.yml에 포함될 내용들이다.

```
slots:
    horoscope_sign:
        type: text
    DD:
        type: text
    MM:
        type: text
    subscribe:
        type: bool

intents:
    - greeting
    - get_horoscope
    - subscription
    - dob_intent

entities:
    - horoscope_sign
    - DD
    - MM
    - subscribe
    - dob_intent

templates:
    utter_greet:
        - 'Hello! How are you doing today?'
```

```
  utter_ask_horoscope_sign:
      - 'What is your horoscope sign?'
  utter_ask_dob:
      - 'What is your DOB in DD-MM format?'
  utter_subscribe:
      - 'Do you want to subscribe for daily updates?'

actions:
  - utter_greet
  - utter_ask_horoscope_sign
  - utter_ask_dob
  - utter_subscribe
  - get_todays_horoscope
  - subscribe_user
```

위와 같이 도메인 파일은 앞에서 논의한 인텐트intents, 엔티티entities, 슬롯slots, 템플릿 templates, 액션actions 총 5가지 중요한 부분으로 구성되어 있다.

그리고 액션에는 utter_greet, utter_ask_horoscope_sign, utter_ask_dob과 같은 utterAction이 정의되어 있는데, 템플릿을 사용하는 액션일 경우 그 이름은 템플릿templates에 정의된 이름과 동일해야만 한다.

본 예제에서 액션은 6가지 종류가 있는데, 처음 4개 액션은 템플릿을 이용하여 사용자에게 응답하기 위한 것이다. 그리고 나머지 2개 액션은 데이터베이스 혹은 API를 통해 오늘의 별자리 운세를 추출하여 사용자에게 응답해주는 것이다.

subscribe_user 액션의 경우에도 데이터베이스의 구독 목록에 현재 사용자를 추가하는 작업이 필요할 것이다. 이러한 사용자 정의 액션user-defined actions을 커스텀 액션custom actions라고 부른다. 커스텀 액션은 해당 액션이 트리거되었을 때 챗봇이 무엇을 수행해야 하는지 작성해야 한다.

다음 절을 통해 커스텀 액션을 작성하는 방법에 대해 학습해 보자.

4-4 챗봇에서 커스텀 액션(Custom Actions) 작성하기

UtterAction이 트리거될 때마다, 사용자가 입력한 대화에 알맞은 문장을 템플릿에 정의하여 응답할 수 있다는 내용을 살펴보았다. 그런데 만약 커스텀 액션^{custom action}이 트리거된다면 어떻게 해야 할까? 이 절에서는 파이썬 코드를 이용하여 커스텀 액션을 생성해 볼 예정인데, 파이썬을 이용하면 API를 호출하는 등 필요한 내용을 작성할 수 있다는 사실을 확인할 수 있을 것이다.

프로젝트 디렉토리(책의 예제에서는 horoscope_bot 폴더)에 actions.py 파일을 생성하도록 하자.

```python
from __future__ import absolute_import
from __future__ import division
from __future__ import print_function
from __future__ import unicode_literals

import requests
from rasa_core_sdk import Action
from rasa_core_sdk.events import SlotSet


class GetTodaysHoroscope(Action):

    def name(self):
        return "get_todays_horoscope"


    def run(self, dispatcher, tracker, domain):
        # type: (Dispatcher, DialogueStateTracker, Domain) -> List[Event]

        user_horoscope_sign = tracker.get_slot('horoscope_sign')
        base_url = http://horoscope-api.herokuapp.com/horoscope/{day}/{sign}
        url = base_url.format(**{'day': "today", 'sign': user_horoscope_
        sign})
        #http://horoscope-api.herokuapp.com/horoscope/today/capricorn
        res = requests.get(url)
```

```
todays_horoscope = res.json()['horoscope']
response = "Your today's horoscope:\n{}".format(todays_horoscope)

dispatcher.utter_message(response)
return [SlotSet("horoscope_sign", user_horoscope_sign)]
```

위 코드에서 볼 수 있듯이, GetTodaysHoroscope 액션에는 두 가지 메소드가 존재한다. 첫 번째 메소드 name은 액션의 이름을 리턴한다. 그리고 run 메소드에 실제로 어떠한 일을 수행하기 위한 비즈니스 로직이 작성되어 있다.

앞의 메소드에는 다음 github에 정의된 오픈 소스 API를 이용하는 코드를 적용하였다.

https://github.com/tapasweni-pathak/Horoscope-API

API url은 다음과 같으며

http://horoscope-api.herokuapp.com/horoscope/today/capricorn

JSON 포맷의 데이터를 리턴한다.

```
{
    "date": "2018-08-29",
    "horoscope": "You will be overpowered with nostalgia and may long to get
    in touch with old pals. And as Ganesha says, chances are that you may
    take a liking to your ex-lover, while simultaneously strengthening your
    social standing. All in all, the day will be a productive one.",
    "sunsign": "capricorn"
}
```

run 메소드 코드를 통해 API로부터의 응답을 파이썬 JSON 오브젝트로 변경하고, JSON의 'horoscope' 키^{key}로 실제 별자리 관련 정보를 추출하는 것을 확인할 수 있다. 이후에는 사용자에게 돌려줄 응답을 형성하고 dispatcher.utter_message 메소드를 이용하여 전송한다.

마지막 부분에서는 SlotSet 메소드를 사용하여 슬롯을 설정한다. SlotSet은 사용자 응답으로부터 파악한 정보를, 해당 대화 코드에서 언제든 다시 사용할 수 있도록 변수에 저장하는 역할을 수행한다.

> **Note** API를 이용하면 제공한 별자리에 대한 오늘의 별자리 운세 정보를 얻을 수 있다. 이 부분을 스스로 구성 중인 챗봇에 알맞은 정보를 추출하는 API 혹은 데이터베이스로 자유롭게 변경해 보자. 사용하고자 하는 소스 코드를 이 부분과 교체하기만 하면 된다.

GetTodaysHoroscope 액션을 추가한 것처럼 actions.py 파일에 SubscribeUser 액션도 추가해 보도록 하자. 여기서는 사용자 구독 정보를 데이터베이스와 연동해 저장하지는 않을 것이다. 하지만 연습용이 아닌 실제 챗봇을 구현할 때는 데이터베이스 계정에 해당하는 user id와 같은 연동을 위한 정보들이 추가로 필요할 것이다.
SubscribeUser 액션 코드는 다음과 같다.

```python
class SubscribeUser(Action):
    def name(self):
        return "subscribe_user"

    def run(self, dispatcher, tracker, domain):
        # type: (Dispatcher, DialogueStateTracker, Domain) -> List[Event]

        subscribe = tracker.get_slot('subscribe')

        if subscribe == "True":
            response = "You're successfully subscribed"
        if subscribe == "False":
            response = "You're successfully unsubscribed"

        dispatcher.utter_message(response)
        return [SlotSet("subscribe", subscribe)]
```

위와 같이 구현하는 챗봇에 알맞은 커스텀 액션을 필요한 만큼 생성하도록 한다.

이제 다음 단계는 학습에 필요한 데이터를 준비하는 일이다. Rasa의 대화 관리^{dialog management} 모델은 사용자의 실제 대화를 통해 학습되어야 한다. 여기서 한 가지 중요한 포인트는 실제 대화를 스토리 포맷^{story format}으로 변경해야 한다는 것이다.

스토리^{story}는 입력된 후 인텐트^{intents}와 엔티티^{entities}로 변경될 사용자와 챗봇의 실제 대화를 의미한다. 반면 챗봇으로부터의 응답은, 필요할 때 트리거되어야 할 액션^{actions}이라고 할 수 있다.

사용자와 챗봇 간의 실제 대화를 스토리화한 테이블은 아래 예와 같을 수 있다.

시나리오 I

User	HoroscopeBot
Hello there! (안녕하세요)	utter_greet
I want to know my horoscope for today (별자리 운세를 알고 싶어요)	utter_ask_horoscope_sign
My sign is Capricorn (제 별자리는 염소자리입니다)	actions.GetTodaysHoroscope
Can you subscribe me for updates? (구독해서 매일 받아볼 수 있을까요?)	actions.SubscribeUser

시나리오 II

User	HoroscopeBot
Hello there! (안녕하세요)	utter_greet
I want to know my horoscope for today (별자리 운세를 알고 싶어요)	utter_ask_horoscope_sign
I don't know my sign (별자리를 모르겠어요)	utter_ask_dob
12-12 (12월 12일 입니다)	actions.GetTodaysHoroscope

사용자가 자신의 별자리를 모르는(그래서 생일을 입력해야 하는) 시나리오에 대한 코드는 아직 살펴보지 않았다. 해당 코드에선 horoscope_sign의 값이 없을 경우, DATE와 MONTH

엔티티entities를 얻기 위한 기존 코드의 수정 작업이 필요하다.

또한 DD-MM 값을 확인하여 생일에 해당하는 별자리를 확인하고, 그에 따른 별자리 운세를 얻기 위해 GetTodaysHoroscope 메소드를 호출하도록 한다.

4-5 챗봇 학습을 위한 데이터 준비하기

모든 종류의 머신러닝에는 학습을 위한 좋은 품질의 데이터를 확보하는 것이 항상 중요하다. 우리가 구현 중인 챗봇에서도 역시 학습을 위하여, 사용자와 챗봇 간의 대화에 해당하는 데이터가 필요하다. 그러나 목적에 알맞은 데이터를 구하는 일이 항상 쉽지만은 않다.

데이터 수집을 위해서는 시간을 투자해야 한다. 친구들과 가족들에게 구현 중인 챗봇에 알맞은 대화를 위한 샘플을 요청하거나, 대중을 통해 샘플을 수집하기 위한 앱을 별도로 개발할 수도 있다. 데이터가 좋을수록 모델이 좋아지고, 모델이 좋을수록 챗봇의 응답 품질이 우수해지므로 이러한 노력을 기울여야 하는 것이다.

Rasa는 데이터를 준비하는 것에서도 다양한 방법을 제공하는데, 대표적으로 대화형 학습interactive learning이라고 불리는 기능이 있다. 이것은 스토리 데이터를 손쉽게 생성할 수 있도록 해주며, 대화 관리dialog management 모델에 데이터를 계속 추가하며 학습할 수 있도록 도와준다. 따라서 이것을 실시간 머신러닝 학습(훈련)이라고 불러도 좋을 것 같다. 우리는 데이터를 계속 추가하며 구현 중인 모델이 올바른 출력을 생산해 내고 있는지를 확인할 수 있게 된다. 가장 중요한 것은 새로운 스토리story를 추가했을 때 모델이 개선 혹은 퇴보하는지 확인하는 일이다. 머신러닝은 우리 인간과 같이 학습과 재학습을 반복하는 강화학습을 통해 성장하므로, 데이터를 추가로 학습할수록 모델이 개선되는 것을 확인할 수 있을 것이다.

4-5-1 스토리(story) 데이터 생성하기

스토리story 데이터는 챗봇과 사용자 간의 대화가 논리적으로 이어져 가는 시나리오라고 할 수 있다. 대부분의 챗봇은 미리 정의된 시나리오를 통해 사용자들에게 도움을 주기 위해 디자인되며, 여기서 스토리는 구체적으로 어떻게 도움이 되는지를 표현해 준다.

이 절에서는 Rasa에 알맞은 포맷으로 간단한 샘플 대화를 준비해 보도록 하자. 이 대화들은 스테이트리스stateless인데, 해당 대화 이전의 상황이나 대화가 불필요하다는 의미이다. 대화형 학습interactive learning을 위해 직접 생성한 스테이트리스stateless 스토리story를 이용해 본다.

이제 몇몇 스토리story들을 직접 작성해보며 데이터를 생성하는 데 익숙해지도록 하자. 제일 먼저 Data 폴더에 stories.md이라는 파일을 만들어 보자.

```
## story_001
* greeting
  - utter_greet
* get_horoscope
  - utter_ask_horoscope_sign
* get_horoscope{"horoscope_sign": "Capricorn"}
  - slot{"horoscope_sign": "Aries"}
  - get_todays_horoscope
  - utter_subscribe

## story_002
* greeting
  - utter_greet
* get_horoscope{"horoscope_sign": "Capricorn"}
  - slot{"horoscope_sign": "Cancer"}
  - get_todays_horoscope
  - utter_subscribe
* subscription
  - slot{"subscribe": "True"}
  - subscribe_user

## Horoscope query with horoscope_sign
* greeting
    - utter_greet
* get_horoscope
    - utter_ask_horoscope_sign
* get_horoscope{"horoscope_sign": "capricorn"}
    - slot{"horoscope_sign": "capricorn"}
    - get_todays_horoscope
```

```
        - slot{"horoscope_sign": "capricorn"}
        - utter_subscribe
* subscription{"subscribe": "True"}
        - slot{"subscribe": "True"}
        - subscribe_user
        - slot{"subscribe": true}

## Horoscope with sign provided
* greeting
        - utter_greet
* get_horoscope{"horoscope_sign": "leo"}
        - slot{"horoscope_sign": "leo"}
        - get_todays_horoscope
        - slot{"horoscope_sign": "leo"}
        - utter_subscribe
* subscription{"subscribe": "True"}
        - slot{"subscribe": "True"}
        - subscribe_user
        - slot{"subscribe": true}

## When user directly asks for subscription
* greeting
        - utter_greet
* subscription{"subscribe": "True"}
        - slot{"subscribe": "True"}
        - subscribe_user
        - slot{"subscribe": true}
```

구성한 스토리들을 자세히 살펴보면 어떤 의미인지 어렵지 않게 이해할 수 있을 것이다. 첫 번째 스토리는 챗봇이 사용자에게 별자리를 물어본 이후 구성된 프로세스에 따라 별자리 운세를 진행한다는 것이 두 번째 스토리와 다른 점이다.

두 번째 스토리는 챗봇이 물어보지 않아도 사용자가 자신의 별자리를 얘기할 경우의 시나리오이며, 구독하기 프로세스를 통해 대화를 마무리한다. 지금까지 몇몇 시나리오를 통한 스토리를 구성해 보았다. 독자들도 자신만의 시나리오를 통해 더 많은 스토리story를 작성해보도록 하자.

한편, 스토리의 형식은 마크다운markdown 포맷의 파일이며, 이곳에 필요한 만큼의 시나리오를 작성하게 된다. 따라서 툴이나 라이브러리의 도움 없이 수동으로 이 작업을 수행하는 것은 다소 힘든 일이 될 것이다. 이때 Rasa의 **대화형 학습 툴**interactive learning tool은 위 작업을 수행하는 데 많은 도움을 줄 수 있다.

사용 방법에 대해 살펴보도록 하자.

4-5-2 대화형 학습(Interactive Learning)

지금까지 몇몇 대화형 학습interactive learning에 대해서 살펴보았다. 이제는 관련 코드를 작성해보자. 대화형 학습interactive learning은 Rasa의 가장 멋진 기능 중 한 가지로서, 머신러닝을 보다 재미있고 쉽게 이해할 수 있도록 이끌어 줄 것이다. 크게 두 가지 부분으로 나누어 살펴보자. 첫 번째는 준비된 초기 데이터를 다양한 정책과 함께 모델에 적용하여 학습하는 과정이고 두 번째 부분은 위와 같이 학습된 모델을 테스트하고, 정책 등을 점검하여 수정하며, 재학습하는 과정을 의미한다.

챗봇 에이전트 모델 학습(훈련)하기

메인 프로젝트 디렉터리에 train_initialize.py 파일을 생성하도록 하자. train_initialize.py 파일에 포함될 내용은 다음과 같다.

```
from __future__ import absolute_import
from __future__ import division
from __future__ import print_function
from __future__ import unicode_literals

from rasa_core import utils
from rasa_core.agent import Agent
from rasa_core.policies.keras_policy import KerasPolicy
```

```
from rasa_core.policies.memoization import MemoizationPolicy
from rasa_core.policies.sklearn_policy import SklearnPolicy

if __name__ == '__main__':
    utils.configure_colored_logging(loglevel="DEBUG")

    training_data_file = './data/stories.md'
    model_path = './models/dialogue'

    agent = Agent("horoscope_domain.yml",
                  policies=[MemoizationPolicy(), KerasPolicy()])

    training_data = agent.load_data(training_data_file)

    agent.train(
        training_data,
        augmentation_factor=50,
        epochs=500,
        batch_size=10,
        validation_split=0.2
    )

    agent.persist(model_path)
```

다음 코드를 작성하기 전에, 위 코드에서 중요한 몇 가지 사항들을 이해해 보도록 하자.

1. 먼저 __future__ 모듈로부터 몇몇 메소드를 임포트import한다. Future 선언문statements은 파이썬 모듈의 파싱parsing 방법 및 기존 메소드의 동작 방식을 변경하는 등 특별한 용도로 사용된다. 호기심이 많은 독자라면 다음 코드를 수행해 보자.

   ```
   from __future__ import braces
   ```

2. rasa_core 모듈에서 로깅을 설정하기 위한 utils 메소드를 임포트[import]한다.

3. agent 모듈에서 agent 오브젝트를 생성하기 위해 agent 클래스를 임포트[import]한다.

4. KerasPolicy, MemorizationPolicy는 agent 클래스에 정책 변수로 전달될 것이다.

5. configure_colored_logging: 파이썬의 colored logs 패키지를 사용한, 컬러 로깅을 위해 utils.py에 정의된 Utility 메소드

6. **Agent**: 학습/훈련[training], 메시지 처리, 대화 모델 로드, 다음 액션[action] 가져오기, 채널 처리 등 가장 중요한 Rasa Core 기능을 활용하기 위한 인터페이스를 제공하는 Rasa에 정의된 클래스

7. **load_data**: 주어진 경로에서 학습 데이터를 로드한다.

8. **train**: 제공된 학습 데이터를 정의된 정책에 따라 학습(훈련)한다.

9. **training_data**: load_data 메소드에 의해 반환된 객체. DialogueStateTracker 목록. 학습 데이터 파일이라고 간주하면 된다.

10. **augmentation_factor**: Rasa에게 얼마나 많은 더미 스토리[dummy stories]가 생성되어야 하는지를 알려준다. 10x 팩터[factor]는 다음 학습 때 학습용 데이터를 얼마만큼 증가(혹은 변경)할지에 대한 휴리스틱[heuristic] 값이다.

11. **epochs**: 1 epoch은 전체 학습용 데이터를 한 번 학습 완료하였음을 의미한다. 명시된 숫자만큼 학습용 데이터를 반복하며 학습(훈련)한다.

12. **batch_size**: 한 번에 처리[pass]하는 학습 데이터 샘플 사이즈. batch_size가 10인 100개의 예제라면, 전체 데이터 집합을 학습하는 데 10 epochs가 소요될 것이다.

13. **validation_split**: 모델의 정확도[unbiased accuracy]를 검증하기 위한 데이터 백분율[6]

14. **persist**: 이 메소드는 에이전트 오브젝트[agent object]를 지정된 디렉터리에 유지하여 재사용하는 데 사용된다.

위 설명을 통해 각각의 메소드가 코드 안에서 어떻게 동작하는지 명확하게 이해가 되었을 것이라고 생각한다.

스크립트를 실행하기 전에 rasa_core 라이브러리가 설치되어 있는지 확인해 보자.

설치가 필요하다면 다음의 명령어를 통해 설치하도록 한다.

6　[역주] 전체의 학습 데이터 중 얼마만큼을 검증용으로 사용할 것인지

```
pip install rasa_core==0.11.1
```

이 책의 예제와 동일하게 챗봇을 구현 중이라면, Rasa와의 호환성을 위해 반드시 위에 명시된 버전으로 설치해야 한다. Rasa는 지금도 더욱 새롭고 강화된 메소드들을 빠르게 업데이트하고 있다.

Note
가장 최신 버전의 rasa_core를 github repo를 통해 설치할 수 있다. github으로부터 최신 코드를 가져오는 다음의 명령어들을 수행해 보자.

```
git clone https://github.com/RasaHQ/rasa_core.git
cd rasa_core
pip install -r requirements.txt
pip install -e .
```

이제 주어진 파라미터를 통해 구현 중인 모델을 학습시키는 다음의 명령어를 수행해 보자.

```
$python train_initialize.py
```

주피터 노트북의 명령어를 통해서도 다음과 같이 수행이 가능하다.

```
!python train_initialize.py #Use python3 if you have installed rasa for python3
```

우리가 준비한 것과 같은 작은 데이터를 가지고 모델을 학습시키는 경우 25분에서 30분 정도 시간이 소요될 수 있다. SklearnPolicy, MemorizationPolicy, KerasPolicy를(을) 추가하여 모델을 학습하였다. 각각의 정책policies들은 서로 다른 고유의 이점을 갖고 있다. 독자들 스스로 각 정책들에 대해 조금 더 학습을 진행한다면, 구현 중인 챗봇에 무엇이 더 잘 동작하는지 파악할 수 있을 것이다. 필자의 경우 SklearnPolicy가 KerasPolicy보다 더 나은 성능을 세공하는 것으로 보인다. 스크립트 실행이 완료되면 다음과 같은 몇 가지 성공 메시지가 표시될 것이다.

```
2018-08-30 04:24:31 INFO rasa_core.policies.keras_policy - Done fitting
keras policy model
2018-08-30 04:24:31 INFO rasa_core.featurizers - Creating states and
action examples from collected trackers (by MaxHistoryTrackerFeaturizer)...
Processed trackers: 100%|███████████████████| 96/96 [00:00<00:00,
898.31it/s, # actions=75]
2018-08-30 04:24:31 INFO rasa_core.featurizers - Created 75 action
examples.
2018-08-30 04:24:31 INFO rasa_core.policies.sklearn_policy - Done
fitting sklearn policy model
2018-08-30 04:24:31 INFO rasa_core.agent - Model directory models/nlu
exists and contains old model files. All files will be overwritten.
2018-08-30 04:24:31 INFO rasa_core.agent - Persisted model to
'/Users/sumit/apress_all/Chapter IV/horoscope_bot/models/nlu'
```

독자들은 모델명에 따라 만들어진 몇몇의 폴더를 볼 수 있을 것이다. 스크립트에서 지정한
model_path에 해당 폴더들이 존재하는지 확인해 보도록 하자. 다음은 필자의 model_path에
존재하는 폴더/파일들이다.

```
policy_0_MemoizationPolicy
policy_1_KerasPolicy
policy_2_SklearnPolicy
domain.json
domain.yml
Policy_metadata.json
```

모델 학습이 완료되었고, 로컬 시스템에서 해당 모델이 유지persist됨을 확인했다면 이제 대화
형 학습interactive training의 다음 단계로 이동해 보자.

강화학습(Reinforcement)을 통한 실시간 학습(훈련)

이번 절에서는 모델을 학습한 이후 출력된 결과가 잘못되었을 때 반복해서 재학습하기 위한 코드를 작성해 본다.

이를 통해 챗봇이 무언가 잘못된 동작을 할 때, 그 즉시 모델에게 예측이 잘못되었다는 것을 알리고 바로 잡을 수 있게 된다. 재학습은 챗봇이 동작하는 중에 수행되며, 완료된 이후 파일로 캡처되어 현존하는 학습 데이터에 관련 내용이 추가된다. 이러한 과정은 최종 단계에서 단한 가지의 보상을 기다린다기보다는, 시스템의 모든 수행 단계에서 살아있는 피드백feedback처럼 동작한다.

다음 단계는 아래와 같은 내용으로 endpoints.yml이라는 새 파일을 만드는 것이다. 우리는 이 파일을 파이썬 코드 train_online.py에 사용한다. 이 구성을 통해 Rasa 메소드를 HTTP API로 노출할 수 있다.

```
action_endpoint:
  url: http://localhost:5055/webhook

#nlg:
# url: http://localhost:5056/nlg

core_endpoint:
  url: http://localhost:5005
```

이제 실시간online/상호 학습interactive training을 위한 train_online.py를 생성하자.

```
from __future__ import absolute_import
from __future__ import division
from __future__ import print_function
from __future__ import unicode_literals

import logging
```

```
from rasa_core import utils, train
from rasa_core.training import online
from rasa_core.interpreter import NaturalLanguageInterpreter


logger = logging.getLogger(__name__)


def train_agent(interpreter):
    return train.train_dialog_model(domain_file="horoscope_domain.yml",
                                    stories_file="data/stories.md",
                                    output_path="models/dialog",
                                    nlu_model_path=interpreter,
                                    endpoints="endpoints.yml",
                                    max_history=2,
                                    kwargs={"batch_size": 50,
                                            "epochs": 200,
                                            "max_training_samples": 300
                                            })


if __name__ == '__main__':
    utils.configure_colored_logging(loglevel="DEBUG")
    nlu_model_path = "./models/nlu/default/horoscopebot"
    interpreter = NaturalLanguageInterpreter.create(nlu_model_path)
    agent = train_agent(interpreter)
    online.serve_agent(agent)
```

max_history는 모델이 추적할 수 있는 상태states의 수량을 의미한다. 이제 마지막 스크립트인 train_online.py을 작성해야 할 차례인데, 그 전에 rasa-nlu-sdk에 대해 살펴볼 필요가 있다.

rasa-nlu-sdk

Rasa NLU 스택stack은 Rasa Core에 대한 사용자 지정 액션custom actions 개발을 위한 파이썬 SDK인 Rasa-nlu-sdk를 제공한다. 구현 중인 챗봇의 예를 살펴보면, 오늘의 운세를 가져오는 API 호출 혹은 데이터베이스 구독자 리스트 업데이트 등 몇몇 사용자 지정 액션custom actions이 필요하다는 것을 알 수 있다.

Rasa는 이를 위한 별도의 라이브러리를 가지고 있고, 다음의 명령어를 통해 설치가 가능하다.

```
pip install rasa-core-sdk==0.11.0
```

이제 터미널의 다른 탭이나 새로운 커맨드 라인으로 이동하여 프로젝트 디렉토리 actions.py 파일이 있는 위치에서 다음 명령을 실행한다.

```
python -m rasa_core_sdk.endpoint --actions actions

INFO:__main__:Starting action endpoint server...
INFO:rasa_core_sdk.executor:Registered function for 'get_todays_hooscope'.
INFO:rasa_core_sdk.executor:Registered function for 'subscribe_user'.
INFO:__main__:Action endpoint is up and running.on ('0.0.0.0', 5055)
```

이 명령은 모델에 의해 예측된 사용자 지정 액션custom actions을 리스닝listening하는 액션 서버action server를 기동한다. 액션이 트리거되면 곧바로 서버가 해당 액션을 실행하고 메소드를 통해 응답하게 될 것이다.

액션 서버 엔드 포인트action server endpoint의 디폴트 포트는 5055이다. 디폴트 포트 변경을 위해선 --port를 추가하도록 한다.

여기서 질문 한 가지가 떠오를 수 있다. '왜 별도의 서버가 필요하지? 파이썬을 그냥 이용하면 안 될까?' 그렇다. 파이썬을 이용할 수도 있다. 그러나 우리가 파이썬이 아닌 다른 언어로 액션 개발을 요청받았거나, 우리가 필요로 하는 액션이 API로 이미 존재한다고 가정해 본다면 왜 별도로 개발을 하는지 이해할 수 있을 것이다. 이제 생성한 endpoints.yml로 이동하여 액션 서버action server와 core_endpoint 서버가 있어야 하는 위치를 명시하도록 한다. 실제 제품에선 두 서버의 URL이 서로 다를 수 있다는 점을 참고하자.

위에서 언급한 endpoints.yml 파일 스크립트를 실행하면 Rasa가 해당 파일을 읽고, 이미 구동 중인 action_server에 대한 설정을 가져올 것이다.

```
action_endpoint:
        url: http://localhost:5055/webhook
```

이제는 위에서 생성한 train_online.py를 실행해 보도록 하자.

```
$python3 train_online.py
```

대화 모델 학습이 성공적으로 완료되었다면 다음과 같은 메시지가 확인될 것이다.

```
2018-08-30 07:09:37 INFO rasa_core.policies.keras_policy - Done
fitting keras policy model
2018-08-30 07:09:37 INFO rasa_core.agent - Model directory models/nlu
exists and contains old model files. All files will be overwritten.
2018-08-30 07:09:37 INFO rasa_core.agent - Persisted model to '/Users/
sumit/apress_all/Chapter IV/horoscope_bot/models/nlu'
2018-08-30 07:09:37 INFO rasa_core.training.online - Rasa Core server
is up and running on http://localhost:5005
Bot loaded. Type a message and press enter (use '/stop' to exit).
127.0.0.1 - - [2018-08-30 07:09:37] "GET /domain HTTP/1.1" 200 996 0.001847
```

지금부터는, 갓 만들어진 봇과 이야기를 시작할 수 있을 것이다. 봇이 어떠한 성능을 발휘할지는 이제부터 전적으로 독자들의 손에 달려 있다. 예상하지 못한 응답을 한다거나 실수를 할 때마다 계속적으로 수정하며 성능을 개선해 보자. 첫 번째 메시지로 "Hi"를 입력하면 다음과 같이 반응한다.

Chat history:

    bot did: action_listen

    user said: hi

    whose intent is: {'confidence': 0.8472929307505297, 'name': 'greeting'}

we currently have slots: DD: None, MM: None, horoscope_sign: None,

subscribe: None

The bot wants to [utter_greet] due to the intent. Is this correct?

    1.   Yes

    2.   No, intent is right but the action is wrong

    3.   The intent is wrong

    0.   Export current conversations as stories and quit

사용자가 입력한 문장을 어떻게 이해했는지를 바탕으로 챗봇이 어떻게 동작했는지 보여주고 있다. 여기에서 네 가지 옵션을 주었는데, 그것에 관해 잠깐 살펴보도록 하자.

위에서 bot did: action_listen의 의미는 사용자가 무언가를 입력하기를 기다린다는 의미이므로 신경쓰지 않아도 된다. 이후에 있는 intent {'confidence': 0.8472929307505297, 'name': 'greeting'}는 정확하므로[7] 1을 입력하여, 챗봇이 잘 예측하였다는 것을 알려 주도록 하자. 이와 같은 과정을 통해 봇은 잘못되었을 경우 문제를 바로잡을 수 있도록 노력하게 된다.

Chat history:

    bot did: action_listen

    user said: hi

    whose intent is: {'confidence': 0.8472929307505297, 'name': 'greeting'}

    bot did: utter_greet

we currently have slots: DD: None, MM: None, horoscope_sign: None,

subscribe: None

---

7   역주 Hi가 greeting 인텐트에 속한다는 것을 정확하게 예측하였으므로

```
The bot wants to [action_listen]. Is this correct?
    1.      Yes.
    2.      No, the action is wrong.
    0.      Export current conversations as stories and quit
```

우리가 구현한 챗봇은 최소한 사용자에게 적절하게 인사greet를 할 수 있게 되었다. 위 내용과 같은 학습 과정의 이력history들을 보면 실제로 챗봇이 수행한 일을 확인할 수 있다.

```
bot did: utter_greet
```

이제 챗봇은 그다음으로 사용자가 무슨 말을 할지를 기다리는 게 맞지(즉 사용자 입력을 기다리는 것)? 라고 물어보고 있다. 기다리는 게 맞으므로 우리는 1번을 다시 입력하도록 하고 챗봇은 사용자에게 입력할 수 있는 창prompt을 제공한다.
그리고 입력창에 "what's my horoscope for today?(오늘의 별자리 운세가 뭐야?)"라고 작성하였다.

```
Chat history:
    bot did: action_listen
    user said: hi
    whose intent is: {'confidence': 0.8472929307505297, 'name': 'greeting'}
    bot did: utter_greet
    bot did: action_listen
    user said: what's my horoscope for today?
    whose intent is: {'confidence': 0.8902154738608781, 'name': 'get_horoscope'}
we currently have slots: DD: None, MM: None, horoscope_sign: None,
subscribe: None
```

The bot wants to [utter_ask_horoscope_sign] due to the intent. Is this correct?

 1.   Yes

 2.   No, intent is right but the action is wrong

 3.   The intent is wrong

 0.   Export current conversations as stories and quit

봇은 "get_horoscope"인텐트를 89%의 정확도로 올바르게 파악하였다. 또한 **utter_ask_ horoscope_sign** 인텐트를 원하고 있는데, 사용자가 자신의 별자리를 언급하지 않았으므로 이것 역시 올바른 동작이다.

그러므로 1번을 다시 입력하도록 한다.

Chat history:

 bot did: action_listen

 user said: hi

 whose intent is: {'confidence': 0.8472929307505297, 'name': 'greeting'}

 bot did: utter_greet

 bot did: action_listen

 user said: what's my horoscope for today?

 whose intent is: {'confidence': 0.8902154738608781, 'name': 'get_horoscope'}

 bot did: utter_ask_horoscope_sign

we currently have slots: DD: None, MM: None, horoscope_sign: None, subscribe: None

The bot wants to [action_listen]. Is this correct?

 1.   Yes.

 2.   No, the action is wrong.

 0.   Export current conversations as stories and quit

사용자의 입력을 기다리는 것이 맞는지 봇이 다시 물어보고 있다. 정답은 1번 YES, 사용자로부터 별자리가 무엇인지 제공받을 차례이다.

따라서 1번을 다시 누르고, 입력창이 뜨고, 염소자리^{Capricorn}라고 입력하였다.

```
Chat history:
    bot did: action_listen
    user said: hi
    whose intent is: {'confidence': 0.8472929307505297, 'name': 'greeting'}
    bot did: utter_greet
    bot did: action_listen
    user said: what's my horoscope for today?
    whose intent is: {'confidence': 0.8902154738608781, 'name':
    get_horoscope'}
    bot did: utter_ask_horoscope_sign
    bot did: action_listen
    user said: Capricorn
    whose intent is: {'confidence': 0.8456705103362621, 'name': 'get_horoscope'}
    with horoscope_sign: capricorn
we currently have slots: DD: None, MM: None, horoscope_sign: capricorn,
subscribe: None
───────────
The bot wants to [get_todays_horoscope] due to the intent. Is this correct?
    1.      Yes
    2.      No, intent is right but the action is wrong
    3.      The intent is wrong
    0.      Export current conversations as stories and quit
```

horoscope_sign 슬롯^{slot}이 **염소자리**^{Capricorn}로 설정되어 있는 것을 확인할 수가 있다.
이제 챗봇에게 다음 단계는 **get_todays_horoscope**을 호출하는 것이라고 말해줄 차례이다.
이 시점에서는 우리가 horoscope_domain.yml에 정의한 horoscope_sign 변수가 이미 슬롯^{slot}
에 설정되어 있으므로, 위 액션을 호출했을 때 챗봇은 실제 오늘의 별자리 운세를 응답해야
할 것이다. 시험해보도록 하자.

챗봇은 액션 서버^{action sever}에 도달하여 우리가 커스텀 액션^{custom actions}에 정의한 결과를 가져올 것이다.

Your today's horoscope:

실패에서 성공으로의 여정이 펼쳐진다. 오늘 하루 당신의 일, 미래 등 모든 것에 대해 성공적으로 이끌어 갈 수 있을 것이라고 지혜의 신 Ganesha가 말한다. 일상의 일을 처리할 때는 매우 조심할 필요가 있다. 그러나 결국 당신의 목표에 한 발짝 더 다가갈 수 있는 기회를 포착하게 될 것이다. 결단력과 행운 이 두 가지가 당신의 꿈을 실현하는 데 필요한 모든 것이다. 당신은 오늘 이 두 가지를 모두 가지게 될 것이다.

필자의 경우, 이 챕터를 완료하기로 한 일정은 지키지 못했고 오전 6시인데 아직 잠을 자지 못하고 있지만, 오늘의 운세 결과는 꽤 잘 맞는 것 같다. 독자들이 이 책에 투자할 만한 가치가 있도록 조금씩 나아가고 있기 때문이다.

이제 다시, 챗봇이 다음에 무엇을 하려고 하는지 살펴보도록 하자.

The bot wants to [action_listen]. Is this correct?
1.   Yes.
2.   No, the action is wrong.
0.   Export current conversations as stories and quit

챗봇이 오늘의 운세를 얘기했으므로 이제 리슨^{listen}할 필요는 없을 것이다. 우리가 대화 스크립트 혹은 스토리에 정의한 것처럼 이제는 구독 여부를 물어볼 차례이다.

따라서 필자는 2번을 누른다.

what is the next action for the bot?

0	action_listen	1.00
1	action_restart	0.00
2	action_default_fallback	0.00
3	utter_greet	0.00

4	utter_ask_horoscope_sign	0.00
5	utter_ask_dob	0.00
6	utter_subscribe	0.00
7	get_todays_horoscope	0.00
8	subscribe_user	0.00

우리가 원하는 것은 구독 여부를 확인하는 것이므로, 6번을 눌러 챗봇이 사용자에게 별자리 운세를 매일 받기 원하는지 여부에 대해 요청하도록 한다.

챗봇은 "Do you want to subscribe for daily updates?(별자리 운세를 매일 받기 위한 구독을 하시겠습니까?)" 라고 물어볼 것이다. 그리고 다음과 같은 메시지를 보여주었다.

The bot wants to [get_todays_horoscope]. Is this correct?

1.   Yes.

2.   No, the action is wrong.

0.   Export current conversations as stories and quit

예측한 액션이 틀렸으므로 2번을 누르도록 하자.

what is the next action for the bot?

0	action_listen	0.21
1	action_restart	0.01
2	action_default_fallback	0.01
3	utter_greet	0.21
4	utter_ask_horoscope_sign	0.51
5	utter_ask_dob	0.01
6	utter_subscribe	0.02
7	get_todays_horoscope	0.78
8	subscribe_user	0.22

사용자의 입력을 기다려야 하므로, 0번을 눌러 챗봇이 올바르게 학습을 할 수 있도록 한다.

이제 사용자는 "Please subscribe me(네, 구독해 주세요)"라고 입력하였고, 챗봇은 구독 인텐트subscription intent라는 것을 80%의 신뢰도로 성공적으로 예측하였다. 챗봇은 data.json 학습 데이터를 기반으로 구독을 원하는지 아닌지에 대해서도 쉽게 이해할 수 있다. 아래의 결과에서 구독 슬롯the slot of subscribe이 True인 것을 확인할 수 있을 것이다.

```
user said: Please subscribe me
whose intent is: {'confidence': 0.795172441763619, 'name':
'subscription'}
with subscribe: True
we currently have slots: DD: None, MM: None, horoscope_sign: capricorn,
subscribe: True
```

챗봇이 인텐트intents를 잘 이해하였고, 엔티티entities도 잘 파싱했으므로 이제는 사용자에게 "You're successfully subscribed(구독 설정이 성공적으로 완료되었습니다)"라고 응답할 차례이다. 필자의 경우는 아래와 같이 챗봇으로부터 성공 메시지를 확인하였다.

You're successfully subscribed

스스로 구성한 챗봇 구축이 성공적으로 완료되었다! 조금 더 익숙해지기 위해, 지금 구현한 별자리 운세 챗봇에 여러 가지 사용자 케이스를 추가해 보고 잘 동작하는지 확인해 볼 것을 권장한다. 모든 것이 잘 되었다면 더 많은 시나리오와 더 많은 기능을 구현해 보자.
챗봇이 대화가 끝났을 때 "Goodbye, have a good day."라고 말할 수 있도록 어터런스utterance를 더 추가하는 것도 좋을 것이다. 그리고 어떤 시도를 하였다면 그 내용과 결과를 꼭 공유해 주길 바란다.
이제 마지막으로 살펴볼 부분은, 이렇게 학습한 모든 것들을 기록으로 남기는 것이다. 이를 통해 이미 학습한 스토리를 또 다시 만들지 않아도 되며, 챗봇은 손쉽게 동일한 스토리를 다시 학습할 수 있게 된다.

4-5-3 스토리(Stories)로 대화를 추출(Export)하기

이제 0번을 눌러 현재의 대화들을 스토리^{stories}로 추출^{export}하고 종료하도록 한다.
0번을 누르면 챗봇은 다음과 같은 메시지를 보여준다.

File to export to (if file exists, this will append the stories) [stories.md]:

스토리^{story} 파일 이름 stories.md을 입력한다(다른 이름으로 스토리를 생성한 경우에는 해당 이름을 입력한다). Rasa는 stories.md 파일을 아래와 같이 생성할 것이다.

```
## Generated Story 3797421409943253925
* greeting
    - utter_greet
* I want to know my horoscope
    - utter_ask_horoscope_sign
* get_horoscope


## Generated Story 7304374603374920907
* greeting
    - utter_greet
* what is my todays horoscope?
    - utter_ask_horoscope_sign
* Cancer


## Generated Story -6877464862083507836
* greeting
    - utter_greet
* get_horoscope
    - utter_ask_horoscope_sign
* get_horoscope{"horoscope_sign": "capricorn"}
    - slot{"horoscope_sign": "capricorn"}
```

```
    - get_todays_horoscope
    - slot{"horoscope_sign": "capricorn"}
    - utter_subscribe
* subscription{"subscribe": "True"}
    - slot{"subscribe": "True"}
    - subscribe_user
    - slot{"subscribe": true}
```

새롭게 생성한 파일의 적용을 위해서는 스토리 파일의 경로를 변경하거나 기존 stories.md 파일이 존재하는 경로에 새롭게 생성한 파일을 붙여넣기해도 된다. 필자의 경우는 생성된 파일을 복사하여 붙여넣기 하였다. 해당 파일을 통한 테스트 혹은 학습을 진행하기 위해서는 모델을 다시 실행해야 한다.

4-6 챗봇 테스트하기

챗봇을 테스트하는 것도 대화형 학습interactive learning 프로세스의 한 부분이라고 할 수 있다. 처음에 생각했던 챗봇을 통한 가능한 모든 시나리오에 대해 계속 확인하며 학습을 진행해야할 것이다. 이전에 다루지 않았던 시나리오를 통해 별자리 운세 챗봇을 테스트하고 학습을 진행하였다. 다음의 케이스들은 그 시나리오 중의 일부분이다.

4-6-1 테스트 케이스 1

첫 번째 테스트를 진행해 보자.

User: Hello there!
(사용자: 안녕하세요!)

HoroscopeBot: Hello! What can I do for you?
(별자리 운세 챗봇: 안녕하세요! 무엇을 도와드릴까요?)

User: What's the horoscope for Capricorn today?
(사용자: 염소자리의 오늘의 별자리 운세가 어떻게 되나요?)

HoroscopeBot: Your today's horoscope?
(별자리 운세 챗봇: 오늘의 별자리 운세는?)

실패에서 성공으로의 여정이 펼쳐진다. 오늘 하루 당신의 일, 미래 등 모든 것에 대해 성공적으로 이끌어 갈 수 있다고 지혜의 신 Ganesha가 말한다. 일상의 일을 처리할 때는 매우 조심할 필요가 있다. 그러나 결국 당신의 목표에 한 발짝 더 다가갈 기회를 포착하게 될 것이다. 결단력과 행운 이 두 가지가 당신의 꿈을 실현하는 데 필요한 모든 것이다. 당신은 오늘 이 두 가지를 모두 가지게 될 것이다.

HoroscopeBot: Do you want to subscribe for daily updates?
(별자리 운세 챗봇: 매일 업데이트 할 수 있도록 구독해 드릴까요?)

User: Please subscribe me.
(사용자: 네 구독해 주세요.)

HoroscopeBot: You're successfully subscribed.
(별자리 운세 챗봇: 구독 완료되었습니다.)

위 대화에서 보이는 것처럼, 필자는 사용자가 자신의 별자리를 언급하며 운세를 요청하는 시나리오에 대해 챗봇이 잘 처리할 수 있는지 테스트를 진행하였다. 챗봇은 운세를 잘 응답하고, 구독을 요청하며, 사용자의 대답에 따라 적절하게 처리하였다. 챗봇이 설계한 대로 잘 동작하는지를 확인하기 위해선 이처럼 정상적인 대화를 통해 테스트를 진행할 필요가 있다.

또한, 필자는 stories.md 파일에 언급한, 챗봇이 묻기 전에 사용자가 구독을 요청하는 케이스에 대해서도 테스트를 진행하였고 잘 동작하는 것을 확인하였다.

4-6-2 테스트 케이스 2

두 번째 테스트는 아래와 같다.

User: Hi
(사용자: 안녕하세요.)

HoroscopeBot: Hello! What can I do for you?
(별자리 운세 챗봇: 안녕하세요! 무엇을 도와드릴까요?)

User: Subscribe me please for daily updates.
(사용자: 매일 업데이트 할 수 있도록 구독해 주세요.)

HoroscopeBot: You're successfully subscribed.
(별자리 운세 챗봇: 구독 완료되었습니다.)

정상적으로 동작하는 현재의 챗봇을 조금 더 완벽하게 만들기 위해서 몇몇 새로운 스토리 stories들을 추가할 예정이다. 추가 코드들은 github을 통해 제공될 예정이며, 여기서 독자들은 별자리 운세 관련 스펠링 오류 수정, 사용자의 생년월일에서 별자리를 추출하는 코드, 사용자에게 응답할 마지막 메시지goodbye message 등을 확인할 수 있을 것이다. 코드를 확인했다면 해당 내용에 대한 피드백을 필자에게 보내줄 것을 요청하고 싶다. 피드백에는 어떻게 변경하면 좋을지, 구현 방법은 무엇일지 등 상세한 내용을 첨가해주기 바란다. 이 챕터에서는 별자리 운세 외 다른 시나리오는 학습하지 않을 예정인데, 이는 처음 챗봇을 접하는 독자들이 어렵지 않게 완전한 구현을 경험할 수 있도록 하기 위해서이다.

최신의 파이썬 코드와 주피터 노트북Jupyter Notebooks은 github repo를 통해 다운로드하고 설치하며, 수정된 패키지들을 수행해 볼 수 있다. 또한 이 챕터에서 논의한 것보다 더 많은 사용자 시나리오들을 확인할 수 있을 것이다.

챕터4

우리는 이번 챕터를 통해, Rasa-NLU에 관한 내용과 왜 이것이 활용 가능한 다른 오픈 소스 툴보다 더 나은지에 대해 살펴보았다. 또한, tensorflow, sklearn, keras 등을 이용하여 파이프라인을 구성하는 방법에 대해 학습하였다.

독자들은 Dialogflow, wit.ai 등과 같은 서비스에 의지하지 않고, 챗봇을 구현하는 방법에 대해 처음부터 끝까지 진행해보았다.

스토리를 생성하고, Rasa Core를 이용하여 NLU 모델과 대화 모델을 학습해 보았으며, 이를 통해 여러 가지 멋진 기능과 대화형 학습이 가능한 챗봇을 구축하였다. 그리고 rasa-nlu-trainer와 같은 오픈 소스의 도움으로 쉽게 학습 데이터를 만들고 주석을 작성할 수 있다는 사실에 대해서도 알게 되었다. 독자들이 이 주제를 다른 어떤 챕터들보다 더 잘 이해하고 구현한 결과에 뿌듯해하길 바란다. 아직 성취감을 느끼지 못하는 독자라면 다음 챕터를 기대해 보도록 하자. 웹 서버를 이용하여 페이스북과 슬랙과 같은 다양한 플랫폼과 연동하는 방법을 학습하고, 우리가 구현한 챗봇이 무엇을 할 수 있을지 세상에 공개할 차례이다.

세상에 공개될 때까지 챗봇은 계속 학습해야 한다는 사실을 잊지 말자.

5 CHAPTER

챗봇 배포하기

Deploying Your Chatbot

챗봇 배포하기

이 챕터에서는 챗봇을 웹web에 배포하는 방법에 대해 학습한다. 챗봇을 웹 애플리케이션web application을 통해 외부에 배포하거나 노출하는 방법(혹은 채널)은 매우 다양하다. 예를 들어 우리가 구현한 별자리 운세 챗봇과 대화형 모델을 페이스북Facebook과 슬랙Slack에서 이미 제공하고 있는 사용자 인터페이스를 통해 외부에 공개할 수 있을 것이다. 혹은 이미 보유하고 있는 웹 애플리케이션을 통해서나, 자체 서버를 구현하고 해당 인터페이스를 이용하여 배포할 수도 있을 것이다. 우리는 이 부분에 대해 이 챕터의 마지막 부분에 학습할 예정이다.

5-1 첫 번째 단계

첫 번째 단계는 챕터4에서 구축한 기존 챗봇의 복사본을 만들어 백업이 가능하도록 하는 것이다. 백업이 완료되었다면 몇몇 새로운 코드들을 추가하여 기존 코드를 변경해 볼 것이다. 따라서 백업 코드와 새로운 코드를 각각 다른 프로젝트로서 관리하도록 하자.

필자는 "Chapter V"라고 하는 새로운 폴더를 생성하여 기존 horoscope_bot 폴더를 모두 붙여 넣기했다. 따라서 기존 폴더의 모델, 데이터셋datasets, 코드 등 모든 파일은 몇몇 변경을 통해 배포할 준비가 완료되었다고 할 수 있다.

5-2 Rasa의 자격 증명(Credential) 관리

Rasa는 모든 자격 증명을 한 곳에서 관리할 수 있는 방법을 제공한다. 현재 독자들은 하나의 챗봇, 하나의 모델을 보유하고 있지만, 이를 배포할 플랫폼은 페이스북Facebook, 슬랙Slack, 텔레그램Telegram 등 매우 다양하다. 그런데 이러한 서드파티third-party 플랫폼들과 연결할 때는 일종의 자격 증명credentials이 필요한데, Rasa는 credentials.yml이라고 하는 YAML 파일에 해당 내용을 저장한다.

그러면 credentials.yml 파일을 프로젝트 디렉토리 horoscope_bot 폴더에 생성하고, 페이스북 자격 증명Facebook credentials을 추가해 보도록 하자. 페이스북 자격 증명을 어떻게 획득하는지 모르는 독자라면, 다음 절에서 관련 내용을 학습할 것이므로 일단 파일만 생성하도록 한다. credentials.yml의 내용은 다음과 같다.

```
facebook:
  verify: "horoscope-bot"
  secret: "bfe5a34a8903e745e32asd18"
  page-access-token: "HPaCAbJJ1JmQ7qDedQKdjEAAbO4iJKr7H9nx4rEBAAuFk4Q3g
  PQcNT0wtD"
```

위 내용은 더미[1] 자격 증명이며, 페이스북마다 토큰token 길이, 시크릿secret 등의 내용이 서로 다를 것이다.

다양한 플랫폼에서 챗봇을 통합하는 큰 프로젝트를 진행 중이라면, 프로젝트를 보다 쉽게 유지 관리하기 위해 credentials.yml을 사용하는 것이 가장 좋다. 또한 만약 특정 비즈니스를 운영 중이고 페이스북Facebook, 슬랙Slack, 텔레그램Telegram 혹은 직접 구축한 웹 사이트 같은 다양한 플랫폼에서 작동하는 봇을 만들려고 한다면, credentials.yml을 유지하기를 강력히 추천한다. 연결에 필요한 키keys와 시크릿secrets을 매우 쉽고 효율적으로 관리할 수 있기 때문이다.

애플리케이션-레벨application-level의 시크릿 키secret keys를 관리하는 좋은 방법은 환경 변수로서 해당 키keys를 저장하고 코드를 작성하여, 운영체제 환경 자체로부터 그러한 민감한 정보들을 읽을 수 있도록 하는 것이다. 키keys와 같은 민감한 정보들을 코드에 노출시키지 않도록 유의해야 한다는 점을 항상 기억해야 한다.

서버의 .env file을 생성하여 해당 파일로부터 키keys를 읽도록 할 수도 있다, 해당 정보들은 어떠한 코드에서도 추적되지 않을 것이다.

---

1   역주 dummy, 유효하지 않은

CHAPTER 5 챗봇 배포하기 167

단순성simplicity을 유지하기 위해, 액세스 키access keys와 시크릿 키secret keys를 독립형 스크립트standalone scripts 형태로 이용할 것이다. 이 책은 챗봇의 구축, 확장, 그리고 가장 중요한 보안 이슈들까지 독자들이 쉽게 이해할 수 있도록 최대한 단순simple한 형태를 계속 유지할 것이다.

credentials.yml 파일을 이용하여 서로 다른 자격 증명credentials을 관리하는 방법으로 다양한 플랫폼에 챗봇을 배포하길 원한다면, 별도의 변수extra argument를 사용할 필요가 있다. 예를 들어 rasa core를 실행하는 동안 credentials.yml이라는 위의 자격 증명 파일을 사용하려면 아래 명령을 수행해야 한다.

```
python -m rasa_core.run -d models/dialogue -u models/nlu/current
--port 5002 —credentials credentials.yml
```

엔터프라이즈-레벨enterprise-level 보다 큰 규모의 챗봇 개발에 대해서 학습하는 것도 좋지만, 위에서 언급한 것처럼 우리는 다음의 예제들을 통해 스크립트의 자격 증명credentials을 직접 directly 이용하는 것으로 배포를 진행할 것이다.

5-3 페이스북에 챗봇 배포하기

이번 절에서는 먼저 Heroku를 사용하여 클라우드에 챗봇을 배포해 볼 것이다. Heroku는 개발자가 클라우드에서 애플리케이션 구축, 실행 및 운영할 수 있도록 지원하는 **platform-as-a-service**PaaS이다. Heroku의 장점은 큰 어려움 없이 https로 앱을 쉽게 실행할 수 있다는 것이다. 챗봇을 구축해보고 테스트하는 과정에서 SSL 인증서certificates를 구매할 필요가 없는 것은 큰 장점이다. https가 필요한 이유는 페이스북과 같은 일부 플랫폼에서 개발자가 non-https URL을 콜백 URL로 사용할 수 없도록 하고 있기 때문이다.

우리는 챗봇을 클라우드 웹 서비스로 배포하기 위한 일련의 단계들을 학습할 것이다. 이것을 성공적으로 해내고 나면 슬랙Slack, 텔레그램Telegram 등과 같은 다른 플랫폼과 연동하는 것도 훨씬 더 쉬워질 것이라고 확신한다. 바로 시작해 보자.

5-3-1 Heroku에 앱(App) 생성하기

Heroku에 로그인하고 앱을 생성한다. 이 앱은 우리의 액션 서버actions server역할을 할 것이므로, 어떤 액션actions과 관계된 이름을 먼저 정해야 할 것이다. 그림 5-1은 액션 서버에 Heroku에서 가능한 고유한 이름을 명명하는 화면이다. 가능한 이름으로 확인되면 앱 생성하기Create app 버튼을 클릭하여 액션 서버 앱을 생성하도록 한다.

입력한 이름이 계속 불가능하다면 뭔가 새로운 이름을 시도해 보자. 다만 이름을 보고 무엇인지 이해할 수 있을 정도로 의미 있는 명칭이 될 수 있게 노력해야 할 것이다.

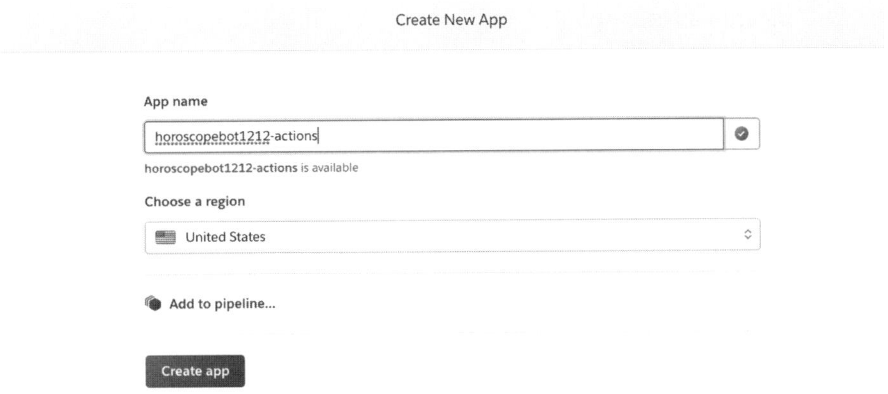

그림 5-1 horoscopebot1212-actions의 이름으로 Heroku에 액션 서버 앱 생성하기

5-3-2 로컬 시스템(Local System)에 Heroku 설치하기

현재 사용 중인 로컬 시스템local system에 Heroku CLI를 설치해 보자. 이를 위해 링크(https://devcenter.heroku.com/articles/heroku-cli)를 참고하도록 한다.

맥mac 운영체제를 사용 중이라면 다음의 명령어를 수행한다.

```
brew install heroku/brew/heroku
```

5-3-3 페이스북(Facebook) 앱(App) 생성 및 설정하기

챗봇을 페이스북에 배포하려면, 우선 페이스북 앱Facebook app의 자격 증명credentials이 있어야 한다. 이를 위해선 챕터3에서 했던 것처럼 페이스북 앱과 페이지를 먼저 만들어야 한다.

1. 아직 앱이 없는 경우 https://developers.facebook.com/에 접속하여 앱을 생성한다. 챕터3에 서는 OnlineEatsBot을 위해 생성했는데, 이번엔 HoroscopeBot을 위해 생성하도록 한다. 상세 정보들을 모두 입력하고 Create App ID 버튼을 클릭한다. 그림 5-2는 새로운 ID를 생성할 때 필요한 정보를 입력하는 화면을 보여준다.

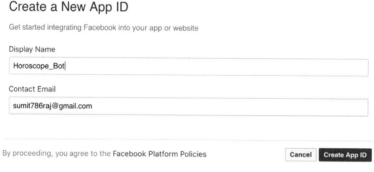

그림 5-2 개발자를 위한 페이스북(Facebook) 앱(App) 생성하기

2. 앱 생성이 완료되었다면, 그림 5-3과 같이 Settings 〉 Basic 화면으로 이동하여 App Secret 위 show 버튼을 클릭하여 fb_secret[2]를 획득하도록 한다.

그림 5-3 페이스북 앱(Facebook app)의 앱 시크릿(App Secret) 획득하기

3. 대시보드에서 스크롤다운scroll down하여 Add a Product를 클릭하고, 그림 5-4와 같이 Mes-senger의 SetUp 버튼을 클릭한다.

---

2   역주 페이스북 시크릿 키

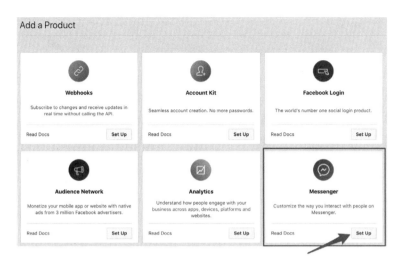

그림 5-4 페이스북 앱(Facebook app)에 메신저 추가하기

4. 메신저의 설정settings에서 스크롤 다운하여 Token Generation 섹션으로 이동하면, 앱의 새로운 페이지page를 생성할 수 있는 링크를 획득할 수 있다. 아직 페이지가 없다면 여기서 생성하도록 하고, 그림 5-5와 같이 페이지를 선택하자. "Page Access Token"이 fb_access_token[3]에 해당한다.

위에서 언급한 새로운 페이지 생성을 위한 링크는 다음과 같다.

https://www.facebook.com/pages/creation/

그림 5-5 페이스북 메신저 앱(Facebook Messenger App)를 위한 토큰(token) 생성하기

5. 토큰 생성이 완료된 후에는 그림 5-6과 같이 Webhooks 우측 부분의 Setup Webhooks 버튼을 클릭한다.

---

3 역주 페이스북 억세스 토큰

그림 5-6 페이스북(Facebook) Webhooks 설정하기

6. 다음으로는 차후에 사용하게 될 검증 토큰verify token을 선택하도록 한다. 검증 토큰verify token은 임의의 문자열로 구성될 수 있으며 이것이 fb_verify에 해당할 것이다. 페이스북 앱Facebook App 에서 검증 토큰verify token을 추가할 위치를 확인하려면 그림 5-7을 참조해 보자. 여기서 콜백call-back URL에는 아무것도 입력하지 말고 빈 채로 두자. 그리고 잠시 후 다시 이 페이지에 돌아와 야 하므로 브라우저는 닫지 말고 그대로 두도록 한다.

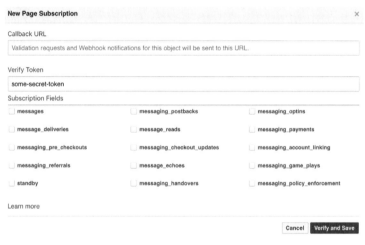

그림 5-7 페이스북(Facebook) Webhook 설정에 검증 토큰(verify token) 추가하기

7. 위를 통해 획득한 fb_verify, fb_secret, fb_access_token은 봇과 페이스북 연동에 반드시 필요한 정보이므로 잘 보관해 두도록 한다.

5-3-4 Heroku에 Rasa 액션 서버(Action Server) 생성하고 배포하기

이번에는 Rasa 액션 서버action server를 Heroku에 연동해 볼 차례이다. 하나의 Heroku 앱App 에서 두 개의 웹 애플리케이션을 실행할 수 없기 때문에 서로 다른 두 개의 애플리케이션이 필요하다. 커맨드 라인command line으로 이동하고, 프로젝트 디렉토리에서 아래와 같은 명령을 실행해보자.

1. actions_app 폴더를 생성하고, 해당 디렉토리로 이동한다.

   ```
   mkdir actions_app
   cd actions_app
   ```

2. 메일 프로젝트 디렉토리의 actions.py를 actions_app 폴더로 복사한다.

3. 아래의 내용이 포함된 requirements.txt 파일을 생성한다. 이 파일은 Heroku 앱에 설치해야 할 패키지packages와 버전versions을 안내한다.

   ```
   rasa-core-sdk==0.11.0
   requests==2.18.4
   ```

4. 다음의 내용이 포함된 Procfile이라는 이름의 파일을 생성한다. 이 파일은 애플리케이션을 기동하기 위해 무엇을 해야 하는지 Heroku에게 설명한다.

   ```
   web: python -m rasa_core_sdk.endpoint --actions actions
   --port $PORT
   ```

   a) 다음의 명령어들을 수행하도록 한다.

   ```
   $ heroku login
   $ git init
   $ heroku git:remote -a <your-heroku-app-name>
   $ heroku buildpacks:set heroku/python
   $ heroku config:set PORT=5055
   $ git add .
   $ git commit -am "deploy my bot"
   $ git push heroku master
   ```

마지막 명령어까지 완료하면, Heroku는 requirements.txt 파일이 명시된 필요한 모든 패키지packages를 설치할 것이다. 앱이 성공적으로 배포deploy되었다면, 다음과 유사한 로그를 확인할 수 있을 것이다.

```
remote:

remote: -----> Discovering process types

remote:          Procfile declares types -> web

remote:

remote: -----> Compressing...

remote:          Done: 48.3M

remote: -----> Launching...

remote:          Released v4

remote:          https://horoscopebot1212-actions.herokuapp.com/ deployed to Heroku

remote:

remote: Verifying deploy... done.

To https://git.heroku.com/horoscopebot1212-actions.git

 * [new branch]      master -> master
```

이제 배포한 앱이 정상적으로 응답하는지 확인해 보도록 하자. 이를 위해 "webhook"으로 추가된 앱 URL을 브라우저에 입력해 보자.

예제의 경우 URL이 https://horoscopebot1212-actions.herokuapp.com/이므로 이를 통해 액션 서버action server가 잘 응답하는지 확인해 볼 것이다.

https://horoscopebot1212-actions.herokuapp.com/webhook을 브라우저 주소창에 입력하면 그림 5-8과 같이 "Method Not Allowed" 메시지를 확인할 수 있다. 이 메시지가 뜬다면 앱이 정상적으로 응답하고 있다는 의미로 이해할 수 있다.

그림 5-8 액션 서버(action server) 응답 확인하기

5-3-5 Rasa 챗봇 API 앱(App) 생성하기

이번 단계에서도 지금까지 수행했던 것과 유사한 몇 가지 명령어를 수행하여, 대화 관리dialog management를 위한 메인 앱App을 생성할 것이다. 바로 시작해 보자. 먼저 메인 프로젝트 디렉토리horoscope_bot로 돌아와 다음의 내용이 포함된 **파일**Procfile을 만들도록 한다.

```
web: python -m spacy download en && python facebook.py
```

5-3-6 페이스북 메신저 챗봇 독립형(Standalone) 스크립트 생성하기

동일한 프로젝트 디렉토리에 facebook.py라는 이름으로 파일을 생성해 보자. 내용은 파이썬Python 코드로 다음과 같아야 한다.

```python
from rasa_core.channels.facebook import FacebookInput
from rasa_core.agent import Agent
from rasa_core.interpreter import RasaNLUInterpreter
import os
from rasa_core.utils import EndpointConfig

# load your trained agent •·············· 학습된 에이전트를 로드(load)
interpreter = RasaNLUInterpreter("models/nlu/default/horoscopebot/")
MODEL_PATH = "models/dialog"
action_endpoint = EndpointConfig(url="https://horoscopebot1212-actions.
herokuapp.com/webhook")

agent = Agent.load(MODEL_PATH, interpreter=interpreter)

input_channel = FacebookInput(
        fb_verify="YOUR_FB_VERIFY_TOKEN",
        # you need tell facebook this token, to confirm your URL •·············· URL을 확정(confirm)하기 위해
                                                                                이 토큰(token)을 페이스북
                                                                                (facebook)에 전송해야 한다.
        fb_secret="YOUR_FB_SECRET", # your app secret
```

```
        fb_access_token="YOUR_FB_ACCESS_TOKEN"
        # token for the page you subscribed to  ●·············구독한 페이지 토큰(token)
)
# set serve_forever=False if you want to keep the server running  ●············ 서버가 계속 동작(running)하길
s = agent.handle_channels([input_channel], int(os.environ.get('PORT',   원한다면 serve_forever를
                                                                       False로 설정한다.
5004)), serve_forever=True)
```

fb_verify, fb_secret, fb_access_token의 값들은 이전 챕터들에서 획득한 것으로 교체해야 한다는 것을 주의해야 한다.

이제 새로운 requirements.txt 파일을 생성하고 버전에 알맞은 패키지packages들을 추가하도록 한다. 필자의 파일은 다음과 같다. 독자들의 파일은 필자의 것과 다를 수 있으나 이 책과 동일한 예제의 챗봇을 구성 중이라면 필자의 파일과 동일하게 구성하는 것이 좋다.

```
rasa-core==0.11.1
rasa-core-sdk==0.11.0
rasa-nlu==0.13.2
gunicorn==19.9.0
requests==2.18.4
spacy==2.0.11
sklearn-crfsuite==0.3.6
```

서버에 설치할 패키지package들은 위와 같다.

이번에는 기존에 했던 것처럼 Heroku에 새로운 앱을 생성해 보자. Heroku 대시보드로 가서 그림 5-9와 같이 새로운 앱을 생성하도록 한다.

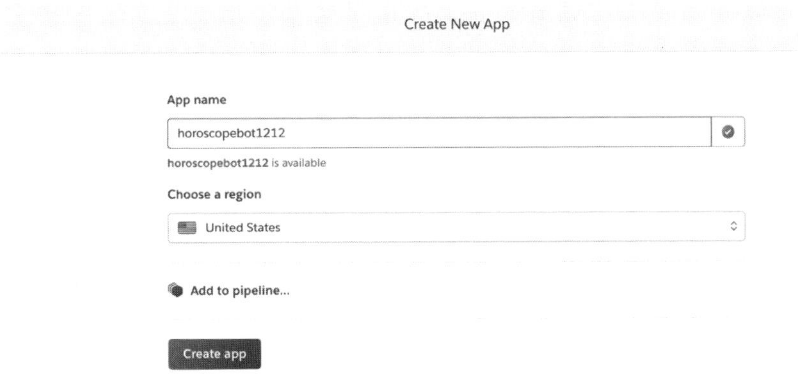

그림 5-9 Heroku에 대화관리 앱(dialog management app) 생성하기

생성이 완료되었다면 프로젝트 루트 디렉토리로 이동하고 커맨드 라인command line에서 다음의 명령어를 수행해 보자.

```
$ git init
$ heroku git:remote -a <your-heroku-app-name>
$ heroku buildpacks:set heroku/python
$ heroku config:set PORT=5004
$ git add .
$ git commit -am "deploy my bot"
$ git push heroku master
```

배포 후 런타임 오류runtime error가 발생한다면 다음과 같을 것이다.

ValueError: You may be trying to read with Python 3 a joblib pickle generated with Python 2. This feature is not supported by joblib

Heroku는 기본적으로 파이썬 3.x 버전을 사용하기 때문에 파이썬 2.x 버전을 사용 중인 독자는 위 오류가 발생할 수 있다. 따라서 2.x 버전을 이용해야 하는 독자라면 오류의 해결을 위해 다음의 단계를 수행할 필요가 있다. 필자는 이를 위해 파이썬 3.6을 파이썬 2.7.15로 변경하였다.

프로젝트 앱의 루트 디렉토리에 runtime.txt 파일을 생성한다. 파일을 열고 파이썬 2.7.15를 추가하고 저장한다. 이제부터 Heroku는 해당 파일에 언급된 버전만을 사용해서 프로젝트를 빌드build할 것이다.

배포가 완료되었다면 아래와 같이 해당 url을 볼 수 있을 것이다.

```
remote: Compressing source files... done.
remote: Building source:
remote:
remote: -----> Python app detected
remote: -----> Installing requirements with pip
remote:
remote: -----> Discovering process types
remote: Procfile declares types -> web
remote:
remote: -----> Compressing...
remote: Done: 254M
remote: -----> Launching...
remote: Released v17
remote: https://horoscopebot1212.herokuapp.com/ deployed to Heroku
remote:
remote: Verifying deploy... done.
To https://git.heroku.com/horoscopebot1212.git
    cd3eb1b..c0e081d master -> master
```

배포 작업은 시간이 오래 걸릴 수 있지만, 완료되고 나면 멋진 결과를 볼 수 있으므로 인내심을 갖고 기다리도록 하자. 오류 메시지가 나타나지 않으면 페이스북 메신저Facebook Messenger 와 함께 동작할 수 있도록 챗봇을 클라우드에 성공적으로 배포하였다는 의미이다. 실제로 잘 작동하는지 확인해 보도록 하자.

5-3-7 대화 관리 앱(Dialog Management App) Heroku 배포 확인하기

배포가 정상적으로 진행되었는지를 확인하기 위해 다음의 단계를 수행해 보자.

1. Heroku가 제공한 URL의 마지막에 아래 주소를 추가하도록 한다.
/webhooks/facebook/webhook?hub.verify_token=YOUR_FB_VERIFY_TOKEN&hub.challenge=successfully_verified
페이스북^{Facebook} webhook 설정에 사용한 올바른 검증 토큰^{verify token}이 사용될 수 있도록 주의해야 한다. 필자의 경우 전체 URL 구성은 다음과 같다.
https://horoscopebot1212.herokuapp.com/webhooks/facebook/webhook?hub.verify_token=my-secret-verifytoken&hub.challenge=success

2. 브라우저를 열고 구성한 전체 url을 주소창에 붙여넣기한다. 입력한 hub.verify_token이 올바르다면 hub.challenge에 설정한 값이 반환될 것이다. 전체 url이 다음과 같을 때 successsfully_verified 라는 메시지가 표시되었다면 성공적으로 배포되어 동작하고 있다는 것을 의미한다.
https://horoscopebot1212.herokuapp.com/webhooks/facebook/webhook?hub.verify_token=YOUR_FB_VERIFY_TOKEN&hub.challenge=successsfully_verified

5-3-8 페이스북(Facebook) Webhooks 연동하기

이제 다시 페이스북 앱 설정^{Facebook app configuration}으로 돌아가 보자. 우리는 앞서 비워둔 콜백^{callback} URL을 추가해 본다. 그림 5-10과 같이 Subscription Fields에는 messages를 체크하도록 한다.

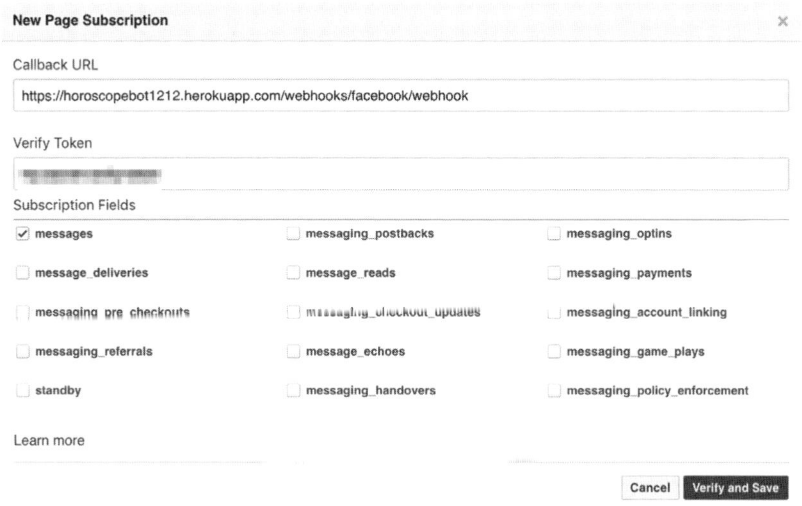

그림 5-10 페이스북(Facebook) 메신저 webhooks 설정

Verify and Save를 클릭하고 나면 페이스북은 위의 URL을 사용하여 검증 토큰과의 일치 여부를 확인하게 되는데, 이는 서버 혹은 우리의 앱이 올바른 검증 토큰이 존재하는 요청에만 응답한다는 의미로 이해할 수 있다. 검증 토큰의 일치 여부가 확인되면, webhook 구독subscription이 앱에서 활성화activated될 것이다.

그런 다음 페이지의 webhooks 섹션에서 페이지 이벤트page events에 webhook을 구독subscription할 페이지를 그림 5-11를 참고하여 선택하고 클릭한다.

그림 5-11 페이스북 페이지 이벤트(Facebook page events)에 webhook 구독(subscription)

드디어 모든 것이 완료되었다. 페이스북에서 별자리 운세 챗봇을 테스트해 보자.

5-3-9 배포 후 검증(Post-Deployment Verification) : 페이스북(Facebook) 챗봇

일반적인 소프트웨어 개발 시나리오에서는 소프트웨어 구축 및 테스트를 실시하고 배포한 이후 배포 후 검증PDV, post-deployment verification을 실시한다. 우리 역시 페이스북 메신저Facebook Messenger로의 배포를 성공적으로 마쳤으니 위와 유사한 배포 후 검증을 수행해볼 것이다. 이미 알고 있는 것처럼, 사용자의 요청 중에는 액션 서버actions server로부터 응답이 필요한 것이 존재하기 때문에 배포 후 검증은 매우 중요한 절차이다. 또한 배포 후 검증은 앱의 상태가 전반적으로 양호한지를 확인하는 절차이기도 하다. 만약 10개에서 15개 정도의 서로 다른 벤더의 API를 사용하는 챗봇을 구축한다면, 해당 챗봇은 반드시 모든 API가 정상적인지 확인할 수 있는 시나리오를 통해 검증되어야만 할 것이다.

그러므로 지금부터는 메신저 앱App 혹은 컴퓨터 브라우저의 페이스북Facebook으로 이동하여 구현한 챗봇과 대화를 시작해 보자. 그림 5-12-1부터 그림 5-12-3까지는 필자와 별자리 운세 챗봇의 대화를 보여준다.

그림 5-12-1 별자리 운세 챗봇 페이스북(Facebook)

그림 5-12-2 별자리 운세 챗봇 페이스북(Facebook)

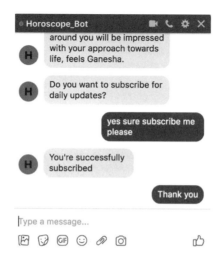

그림 5-12.3 별자리 운세 챗봇 페이스북(Facebook)

짜잔! 인 하우스 형태in-house-built로 구축한 첫 번째 챗봇 앱이 웹에 배포되었고 페이스북 메신저 플랫폼Facebook Messenger platform을 통해 접속할 수 있다는 사실을 확인하는 순간이다. 가족, 친구, 동료 나아가서 전 세계의 사람들과도 구축한 내용을 공유해 보도록 하자.

5-4 슬랙(Slack)에 챗봇 배포하기

이번 절에서는 챗봇을 슬랙Slack에 배포해 보자. 슬랙Slack은 개발자와 기업 사이에서 널리 인기를 끌고 있는 팀 협업 도구team collaboration tool이다. 페이스북Facebook과 같은 소셜 미디어를 사용하지 않는 독자라면, 외부 인터페이스를 이용하여 구현한 챗봇과 대화하기 위해 슬랙Slack이 도움이 될 수 있다. 따라서 지금부터 첫 번째 인-하우스in-house 슬랙Slack 챗봇을 구현해 보자.

별자리 운세 챗봇을 슬랙Slack에 배포하기 위해서는 페이스북Facebook 연동 때와 마찬가지로 독립형 스크립트standalone script 작성이 필요하다.

5-4-1 슬랙(Slack) 배포를 위한 독립형 스크립트(Standalone Script) 생성하기

먼저 프로젝트 디렉토리에 slack.py 파일을 생성한다. 파일의 내용은 다음과 같이 구성한다.

```python
from rasa_core.channels.slack import SlackInput
from rasa_core.agent import Agent
from rasa_core.interpreter import RasaNLUInterpreter
import os
from rasa_core.utils import EndpointConfig

# load your trained agent          ············ 학습된 에이전트를 로드(load)
interpreter = RasaNLUInterpreter("models/nlu/default/horoscopebot/")
MODEL_PATH = "models/dialogue"
action_endpoint = EndpointConfig(url="https://horoscopebot1212-actions.
herokuapp.com/webhook")

agent = Agent.load(MODEL_PATH, interpreter=interpreter, action_
endpoint=action_endpoint)

input_channel = SlackInput(
          slack_token="YOUR_SLACK_TOKEN",
          # this is the `bot_user_o_auth_access_token`
          slack_channel="YOUR_SLACK_CHANNEL"
          # the name of your channel to which the bot posts (optional) ······ 챗봇이 포스트(post)될
                                                                              채널의 이름(선택사항)
    )

# set serve_forever=False if you want to keep the server running ············ 서버가 계속 동작(running)하길
                                                                              원한다면 serve_forever를
s = agent.handle_channels([input_channel], int(os.environ.get('PORT',        False로 설정한다.
5004)), serve_forever=True)
```

facebook.py과 slack.py의 가장 큰 차이점은 input_channel 오브젝트의 내용이다. Rasa는 페이스북Facebook, 슬랙Slack, Mattermost, Telegram, Twilio, RocketChat, 그리고 마이크로소프트 봇 프레임워크Microsoft Bot Framework와 같은 다양한 내장된 채널in-built channels을 제공하는데, 이를 통해 우리는 동일한 챗봇을 다양한 채널에 쉽게 배포할 수 있게 된다.

스크립트에서 slack_token, slack_channel을 추가해야 한다는 것을 확인할 수 있다. 이전 절에서 페이스북 개발자 플랫폼Facebook's developer platform을 통해 페이스북 애플리케이션Facebook application을 생성했던 것처럼, 이번 절에서도 슬랙 앱Slack app을 먼저 생성해야 한다.

단계별로 하나씩 수행해 보자.

1. 그림 5-13과 같이 https://api.slack.com/slack-apps로 이동하여 Create App 버튼을 클릭한다.

그림 5-13 슬랙(Slack)에서 애플리케이션 생성하기

2. 다음 단계는 Bot User를 만드는 것이다. 이를 위해 "Add features and functionality"에서 Bots을 클릭하도록 한다. 새로운 페이지에서 "Add a Bot User" 옵션을 확인할 수 있을 것이다. 그림 5-14를 참고하여 세부 정보를 추가하고 봇 사용자를 추가해 보자.

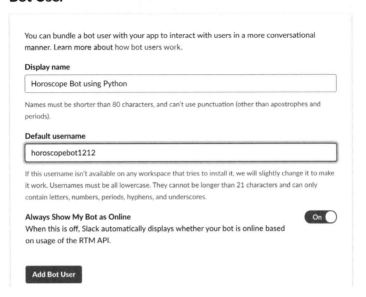

그림 5-14. 슬랙(Slack)에서 봇 이름 입력하기

3. 구축 중인 챗봇에 따라 세부사항을 기재한다. Display name은 원하는 대로 정할 수 있으나 default username은 유니크해야 한다. 자동으로 설정된 것을 그대로 두어도 무관하다. 마지막 옵션인 always show my bot as online 버튼은 사용자에게 챗봇이 언제나 동작 가능한 상태로 보이게 한다. 7일 동안 매일 24시간 내내 동작이 가능한 상태라는 것은, 사람이 할 수 없는 것이고, 그래서 우리는 챗봇이 필요하다. 따라서 해당 버튼은 ON으로 설정한다. 설정이 모두 완료된 후에는 save changes 버튼을 클릭하여 변경사항을 저장하도록 하자.

4. Basic Information 탭으로 돌아가 Install your app to your workspace를 클릭해 보자. 이때 앱은 독자들의 ID^identity를 확인하고자 할 것이므로 인증^authorize을 실시하도록 한다. 그림 5-15는 인증 화면을 보여준다.

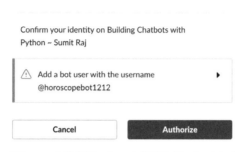

On Building Chatbots with Python ~ Sumit Raj,
horoscopebot1212 would like to:

Confirm your identity on Building Chatbots with
Python ~ Sumit Raj

⚠ Add a bot user with the username ▶
@horoscopebot1212

| Cancel | Authorize |

그림 5-15 슬랙 앱(Slack app) 인증하기(Authorizing)

"Add features and functionality" 아래 Bots and Permissions 탭에 녹색 표시가 된 것을 확인할 수 있을 것이다. 이는 챗봇과 앱이 성공적으로 연동되었으며 독자들이 이 단계까지 문제없이 수행했다는 것을 의미한다.

5. OAuth & Permissions 섹션으로 이동하여 Bot User OAuth 접근 토큰Access Token을 복사한다.

6. 복사된 토큰을 파이썬 스크립트 slack.py에 붙여 넣고 원하는 채널 이름을 지정한다. 챗봇을 채널에 포스트post하기 원한다면 채널 이름을 지정해야 한다. 만약 slack_channel 값을 입력하지 않으면, 메시지는 전송한 사용자에게 다시 보내진다.

5-4-2 Procfile 수정하기

동일한 코드를 베이스로 작업을 진행하고 있으므로, 이번 단계에서는 새로운 Procfile을 신규로 생성할 필요는 없다. 기존에 생성했던 Procfile을 슬랙 봇slack bot에서도 동작할 수 있도록 변경만 해주면 될 것이다. 따라서 facebook.py라는 이름의 스크립트 파일을 slack.py로 변경하여 Heroku가 애플리케이션을 기동할 때 해당 파일을 이용할 수 있도록 하자.

```
web: python -m spacy download en && python slack.py
```

5-4-3 Heroku에 슬랙 봇(Slack Bot) 최종 배포하기

새로운 슬랙 봇Slack bot을 Heroku에 배포하기 위해서 아래와 같은 명령어들을 수행해 보도록 하자.

```
$ git init
$ heroku git:remote -a <your-heroku-app-name>
$ git add .
$ git commit -am "deploy my bot"
$ git push heroku master
```

5-4-4 슬랙(Slack) 이벤트 구독하기

이제 "Event Subscriptions" 탭을 클릭하고 화면의 버튼을 눌러 이벤트 구독 기능을 활성화한다. 슬랙slack에 대한 Heroku 앱의 webhook url을 입력한다.
앱이 수정된 Procfile과 함께 Heroku에 적절하게 배포되었다면, webhook url은 app_url + / webhooks/slack/webhook로 구성될 것이며 아래와 같은 형태를 나타낼 것이다.

https://horoscopebot1212.herokuapp.com/webhooks/slack/webhook

슬랙Slack이 HTTP POST 리퀘스트를 챌린지 파라미터challenge parameter와 함께 위의 URL로 송부하면 검증 확인 표시verified가 나타나며, 이에 대해 챌린지 값challenge value으로 반드시 응답해야만 한다. 이 과정은 페이스북Facebook 챗봇 구축 과정에서 시크릿 토큰secret token에 대해 논의했던 것과 매우 유사하다고 할 수 있다. 그림 5-16을 보며 조금 더 이해해 보도록 하자.

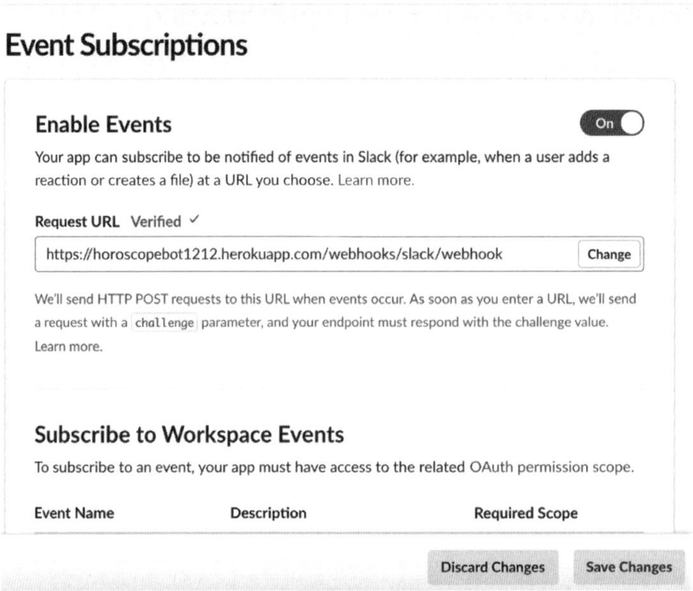

Event Subscriptions

Enable Events   On ⬤

Your app can subscribe to be notified of events in Slack (for example, when a user adds a
reaction or creates a file) at a URL you choose. Learn more.

Request URL Verified ✓

| https://horoscopebot1212.herokuapp.com/webhooks/slack/webhook | Change |

We'll send HTTP POST requests to this URL when events occur. As soon as you enter a URL, we'll send
a request with a `challenge` parameter, and your endpoint must respond with the challenge value.
Learn more.

Subscribe to Workspace Events

To subscribe to an event, your app must have access to the related OAuth permission scope.

| Event Name | Description | Required Scope |

Discard Changes   Save Changes

그림 5-16 챗봇에 대한 구독 이벤트 활성화하기

5-4-5 챗봇 이벤트 구독하기

이번 절에서는 이벤트 구독 페이지에서 스크롤을 내려 "Subscribe to Bot Events"으로 이동하여 Add Bot User Event를 클릭한다. 그림 5-17을 통해 어디를 클릭해야 할지 확인해 보자.

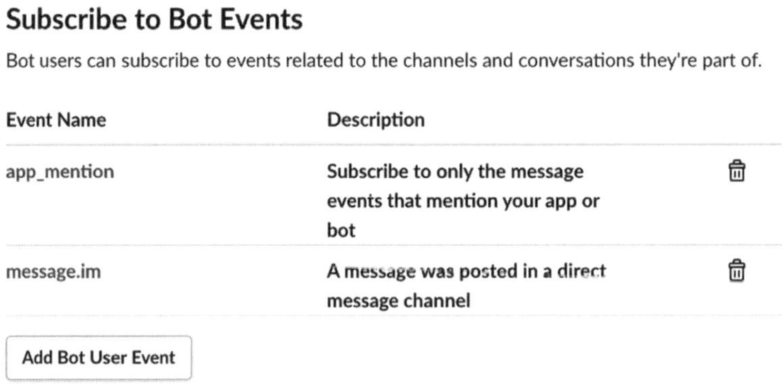

Subscribe to Bot Events

Bot users can subscribe to events related to the channels and conversations they're part of.

Event Name	Description	
app_mention	Subscribe to only the message events that mention your app or bot	🗑
message.im	A message was posted in a direct message channel	🗑

Add Bot User Event

그림 5-17 챗봇 이벤트 구독하기

챗봇 이벤트 구독하기라는 것은 반드시 응답되어야 할 이벤트를 선언하는 것이라고 할 수 있다. 여기서는 두 가지 시나리오만 추가하도록 한다. 첫 번째는 누군가가 챗봇의 이름app_ mention을 언급하였을 때, 두 번째는 누군가가 챗봇에게 다이렉트로 메시지를 전송했을 때이다. save changes 버튼을 클릭하면 모든 작업이 완료된다. 이제는 페이스북Facebook 때 수행했던 것과 마찬가지로 슬랙Slack 챗봇을 테스트해 보자.

5-4-6 배포 후 검증(Post-Deployment Verification): 슬랙(Slack) 챗봇

앱을 생성했던 워크스페이스로 이동하면, Apps의 좌측 부분에서 독자들의 챗봇을 찾을 수 있을 것이다. 대화를 시도하고 잘 동작하는지 확인해 보도록 하자. 필자의 경우 오늘의 별자리 운세에 대해 잘 전달하고 있고, 내용도 읽기에 나쁘지 않았다. 여기까지 따라오지 못한 독자라고 할지라도, 일단 그림 5-18을 통해 필자의 슬랙 챗봇 응답을 확인해 보도록 하자.

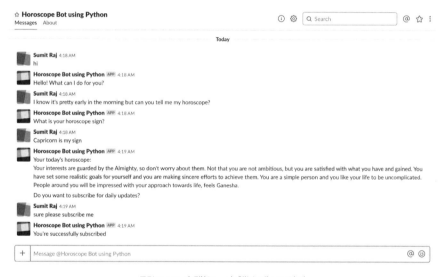

그림 5-18 슬랙(Slack) 챗봇 테스트하기

슬랙Slack 챗봇 구현은 이제 마무리되었다. 다음 절에서는 챗봇을 자체 UI에 배포해볼 것이다. 자체 UI를 구축하는 것은 일종의 프런트-엔드[4] 기술이 필요할지 모르지만, 필자는 여기에 대해서도 계획을 세워 두었으므로 염려할 필요는 없다.

---

4   역주 front-end. 프로세스의 처음과 끝을 의미한다. 프런트 엔드는 사용자로부터 다양한 형태의 입력을 받아 백 엔드가 사용할 수 있는 규격을 따라 처리할 책임을 진다. (출처: 위키백과)

5-5 자체적으로(on Your Own) 챗봇 배포하기

자체적이라는 말이 멋지지 않은가? 지금까지는 페이스북 혹은 슬랙을 이용하여 웹web 상에 배포했지만(혹은 텔레그램Telegram 등을 이용할 수도 있었지만), 이제는 자체 구축한 인터페이스를 이용하여 서버, 데이터, 모델 등 스스로 구성한 것에 챗봇을 배포해 볼 것이다. 만약 독자들이 어떤 조직 혹은 신생 기업에 속해 있다면, 페이스북Facebook, 트위터Twitter, 슬랙Slack도 좋지만, 자체적으로 보유한 웹 사이트websites를 통해 챗봇을 배포하고 운영하여 더 많은 사람들이 찾게 되면서 브랜드 가치가 점점 더 증가되기를 원할 것이다.

이번 절은 지금까지의 모든 노력을 활용하여 최종적으로 챗봇을 구축할 것이다. 챗봇은 서드 파티third-party API 호출이나 Dialogflow, wit.ai, Watson 등과 같은 툴로부터 독립적이면서도 정상적으로 동작하게 될 것이다. 원하는 방식으로 챗봇을 조정할 수 있는 모든 통제권을 가지게 될 것이고, 가장 중요한 것은 원하는 대로 수백만 명의 사람들에게도 쉽게 확장시킬 수 있다는 것이다.

그러면 천천히 시작해 보자. 첫 번째 단계는 이전 절에서 구현했던 두 개의 앱이 작동 중인지 확인하는 것이다. 독자들은 이미 정상 동작 여부를 확인하는 방법에 대해 알고 있을 것이다. 어떤 플랫폼에서든 챗봇 모델을 사용하려면 항상 대화 관리 앱dialog manager app과 액션 앱actions app을 실행해야 한다.

이제 facebook.py와 slack.py 파일을 생성했던 동일한 프로젝트 디렉토리에 myown_chatbot.py라고 하는 새로운 파일을 만들도록 한다. 이전에 만든 스크립트는 facebook.py이나 slack.py과 같이 독립형 스크립트standalone scripts로, 명령어를 통해 Heroku에게 어떤 스크립트를 실행해야 애플리케이션을 기동할 수 있는지 전달하는 방식이었다. 반면 이번에 자체 생성하는 스크립트는 사용자와 챗봇 간의 요청과 응답을 REST APIs를 통해 외부에 노출되도록 한다. 챗봇을 자체적으로 배포하는 것은 두 부분으로 나뉜다. 첫 번째 부분은 사용자 지정 채널 custom channel을 만들어 REST API로 배포하는 스크립트를 작성하는 것이다. 그리고 두 번째 부분은 필요한 자체 UI를 구성하는 것이다. 그간 우리는 페이스북Facebook과 슬랙Slack의 대화 화면을 사용했기 때문에 자체 UI가 불필요했었다.

5-5-1 자체 챗봇 채널(Own Chatbot Channel)을 위한 스크립트 작성하기

이 스크립트는 지금까지 배우고 작성한 것과 유사하지만, API 인증을 위한 규칙을 정의할 수 있도록 기존의 rasa_core의 일부를 재정의할 필요가 있다. 다음의 코드를 통해 토큰 검증token verification을 위한 기본적인 문자열 확인 작업을 수행했다. 본 내용은 실제 제품 수준의 시스템에는 권장되지 않으므로, 대형 시스템용 챗봇을 제작할 경우 주의하여 해당 부분을 작성하도록 한다.

myown_chatbot.py이라는 새로운 파일을 만들고 여기에 다음 내용을 추가하도록 하자.

```python
import os

from rasa_core.channels.rasa_chat import RasaChatInput
from rasa_core.agent import Agent
from rasa_core.interpreter import RasaNLUInterpreter
from rasa_core.utils import EndpointConfig

# load your trained agent  ●··············· 학습된 에이전트를 로드(load)
interpreter = RasaNLUInterpreter("models/nlu/default/horoscopebot/")
MODEL_PATH = "models/dialogue"
action_endpoint = EndpointConfig(url="https://horoscopebot1212-actions.
herokuapp.com/webhook")
agent = Agent.load(MODEL_PATH, interpreter=interpreter, action_endpoint=
action_endpoint)


class MyNewInput(RasaChatInput):
    def _check_token(self, token):
        if token == 'mysecret':
            return {'username': 1234}
        else:
            print("Failed to check token: {}.".format(token))
            return None


input_channel = MyNewInput(url='https://horoscopebot1212.herokuapp.com')
# set serve_forever=False if you want to keep the server running  ●··············· 서버가 계속 동작(running)하실
                                                                        원한다면 serve_forever를
s = agent.handle_channels([input_channel], int(os.environ.get('PORT',     False로 설정한다.
5004)), serve_forever=True)
```

여기서 주목해야 할 몇 가지 사항이 존재한다.

- rasa_core의 _check_token 메소드는 기본적으로 다음과 같이 보이는데, 이는 사용자 객체를 얻기 위한 API 호출을 구성한다. 이것은 주로 사용자 레벨의 인증 업무를 수행하며, 이전과 마찬가지로 동작과 사용법의 이해를 위해 메소드 구성을 간단하게 재정의하였음을 참고하자.

```python
def _check_token(self, token):
    url = "{}/users/me".format(self.base_url)
    headers = {"Authorization": token}
    logger.debug("Requesting user information from auth server {}."
                 "".format(url))
    result = requests.get(url,
                          headers=headers,
                          timeout=DEFAULT_REQUEST_TIMEOUT)
    if result.status_code == 200:
        return result.json()
    else:
        logger.info("Failed to check token: {}. "
                    "Content: {}".format(token, request.data))
        return None
```

- Rasa의 독자적인 _check_token 방법을 사용하면, 요청을 수락하고 지정된 방법으로 응답을 반환하는 하나의 API 또는 웹 서비스를 작성해야 할 수 있다.
- 액션 서버 엔드 포인트action's server endpoint를 독자들의 자체 url로 변경해야 하는 것을 잊지 말자.
- 코드에서의 mysecret 문자열은 API 호출을 위해 사용된다는 것을 기억해 두자.

5-5-2 Procfile 작성하고 웹(Web)에 배포하기

지금까지 책의 내용을 잘 수행해왔다면 Heroku 배포를 위한 Procfiles 생성에 매우 익숙해졌을 것이라고 생각된다. 여기서는 기존에 작성했던 Procfile을 수정하여 우리의 API 기반 챗봇을 웹web 상에 배포할 것이다. 우선 기 작성된 Procfile의 백업본을 만들고 자유롭게 수정해 보도록 하자.

다음과 같은 필자의 Procfile의 내용을 참고하도록 한다.

```
web: python -m spacy download en && python myown_chatbot.py
```

수행이 완료되면 페이스북 메신저Facebook Messenger와 슬랙 봇Slack Bot 배포를 통해 이미 학습한 다음과 같은 명령어를 실행해 보자.

```
$ git init
$ heroku git:remote -a <your-heroku-app-name>
$ git add .
$ git commit -am "deploy my bot"
$ git push heroku master
```

마지막 명령어에선 배포 버전, 변경 등과 관계된 Heroku 로그 메시지가 발생할 수도 있다.

5-5-3 챗봇 APIs 검증하기

배포가 성공적으로 완료되었다는 메시지를 확인했다면, 챗봇 APIs가 잘 동작하는지 테스트해 보자. 빠른 테스트를 위해 다음의 url을 입력한다.

```
<your-basic-app-url>+/webhooks/rasa/
```

예시

https://horoscopebot1212.herokuapp.com/webhooks/rasa/

위 url 주소를 브라우저를 통해 접속하여 다음과 같이 OK를 확인했다면 지금까지 문제없이 진행되고 있다는 의미이다. 만약 다른 응답을 받았다면 잠시 편히 앉아 디버깅을 해보자.

```
{"status":"ok"}
```

위와 같은 테스트로는 충분히 검증했다고 할 수 없는 상황들도 때때로 발생할 수 있다. 따라서 이번엔 실제로 챗봇이 인텐트intents를 잘 인식하고 해당 인텐트에 기반하여 정상적으로 응답하는지 테스트해 보자.

여기서는 POSTMAN(API를 테스트할 수 있는 굉장히 멋진 GUI 기반의 툴tool을 이용할 것이다. 이용하기 편리한 다른 도구들을 사용해도 무관하다. 우리는 챗봇이 올바르게 인식해야 하는 인텐트intents 중 한 가지를 테스트할 것이고, 그에 따른 응답도 확인해 볼 것이다. 필자는 초기 인사 인텐트greetings intent를 테스트하였고, 매우 매력적으로 잘 동작하는 것을 확인하였다. 그림 5-19는 위 테스트의 결과를 보여주고 있다.

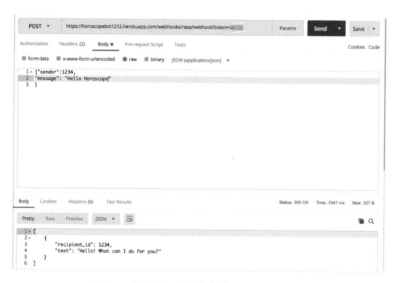

그림 5-19 POSTMAN을 통해 챗봇 API 테스트하기

5-5-4 챗봇 UI 생성하기

앞서 잠시 언급했던 것처럼, 우리가 진행하고자 하는 두 번째 단계로서 챗봇과 사용자 간 대화를 위해 적정한 자체 UI의 생성이 필요하다. 만약 우리가 프런트-엔드front-end 개발자 이거나 관련된 어떤 팀에 속해 있다면, 어렵지 않게 지금까지 구현한 챗봇 API를 보유하고 있는 챗봇 UI와 통합할 수 있을 것이다. 일반적인 HTTP를 이용하여 API를 수신할 수도 있을 것

이며, 더 좋게는 웹 소켓websockets을 이용할 수도 있을 것이다. 그러나 아쉽게도 이는 이 책이 설명하고자 하는 범위에서 벗어난다.

만약 HTML/CSS/Javascript와 같은 프런트-엔드front-end 기술에 익숙하지 않다면 CSS, Javascript, Multimedia(Apress,2017)와 함께 pro HTML5을 이용해 볼 것을 추천한다.

필자는 독자들의 편의를 위하여 챗봇과 사용자 대화에 필요한 기본 UI를 생성해 두었다. 전체 작업 코드는 출판사 웹 사이트 혹은 github을 통해 확인할 수 있으며, 이 책에서는 해당 코드를 작동하는 데 필요한 구성에 대하여 간단히 언급할 예정이다.

위를 통해 코드 다운로드가 모두 완료되면, 메인 폴더에 my_own_chatbot이라는 폴더가 존재하는 것을 확인할 수 있을 것이다. 해당 폴더에 접근하여 assets → js → script.js 파일로 이동해보자. 그리고 아래와 같은 라인의 자바스크립트 코드를 독자들의 url로 변경하도록 한다. 독자들의 앱App 명칭에 따라 url은 달라질 수 있을 것이다. 아래를 참고하여 독자들의 자체 url과 토큰token을 사용하도록 하자.

```
var baseUrl = "https://horoscopebot1212.herokuapp.com/webhooks/rasa/
webhook?token=YOUR-SECRET";
```

변경을 완료하였다면 파일을 저장하고 index.html 파일을 브라우저를 통해 열어보자. 이를 통해 챗봇 UI 준비가 완료되었는지 손쉽게 확인할 수 있을 것이다. 그러나 API 호출calls을 로컬 서버에서 간단한 HTML을 통해 처리하고자 한다면 CORS 이슈[5]를 만나게 된다. 우리는 이러한 이슈를 피해가기 위해 myown_chatbot.py를 조금 수정하여 Heroku 앱을 통해 처리할 수 있도록 할 것이다.

아래와 같이 myown_chatbot.py 파일을 수정하고 변경사항에 대해 살펴보도록 하자.

```
import os

from rasa_core.channels.rasa_chat import RasaChatInput
from rasa_core.channels.channel import CollectingOutputChannel, UserMessage
```

---

5   역주 CORS는 Cross Origin Resource Sharing의 약자이며, CORS 이슈는 클라이언트와 서버의 오리진이 다를 때 발생하는 이슈를 의미한다. (출처: https://velog.io)

```python
from rasa_core.agent import Agent
from rasa_core.interpreter import RasaNLUInterpreter
from rasa_core.utils import EndpointConfig
from rasa_core import utils
from flask import render_template, Blueprint, jsonify, request


# load your trained agent
interpreter = RasaNLUInterpreter("models/nlu/default/horoscopebot/")
MODEL_PATH = "models/dialogue"
action_endpoint = EndpointConfig(url="https://horoscopebot1212-actions.
herokuapp.com/webhook")


agent = Agent.load(MODEL_PATH, interpreter=interpreter, action_endpoint=
action_endpoint)


class MyNewInput(RasaChatInput):
    @classmethod
    def name(cls):
        return "rasa"
    def _check_token(self, token):
        if token == 'secret':
            return {'username': 1234}
        else:
            print("Failed to check token: {}.".format(token))
            return None


    def blueprint(self, on_new_message):
        templates_folder = os.path.join(os.path.dirname(os.path.abspath(__
file__)), 'myown_chatbot')


        custom_webhook = Blueprint('custom_webhook', __name__, template_
```

학습된 에이전트를 로드(load)

```
folder = templates_folder
@custom_webhook.route("/", methods=['GET'])
def health():
    return jsonify({"status": "ok"})
@custom_webhook.route("/chat", methods=['GET'])
def chat():
    return render_template('index.html')


@custom_webhook.route("/webhook", methods=['POST'])
def receive():
    sender_id = self._extract_sender(request)
    text = self._extract_message(request)
    should_use_stream = utils.bool_arg("stream", default=False)

    if should_use_stream:
        return Response(
                self.stream_response(on_new_message, text,
                sender_id),
                content_type='text/event-stream')
    else:
        collector = CollectingOutputChannel()
        on_new_message(UserMessage(text, collector, sender_id))
        return jsonify(collector.messages)


    return custom_webhook

input_channel = MyNewInput(url='https://horoscopebot1212.herokuapp.com')
# set serve_forever=False if you want to keep the server running
s = agent.handle_channels([input_channel], int(os.environ.get('PORT',
5004)), serve_forever=True)
```

서버가 계속 동작(running)하길
원한다면 serve_forever를
False로 설정한다.

변경 사항은 다음과 같다.

- 기존의 name 메소드와 blueprint 메소드를 수정하여, 자체 엔드 포인트를 생성하고 어떤 동작이든 자유롭게 구성할 수 있도록 하였다.
- 새로운 엔드 포인트/챗봇 그리고 챗봇의 UI에 해당하는 index.html 파일을 생성하였다.
- utils, CollectingOutputChannel, UserMessage와 같은 몇몇 필요한 클래스와 메소드를 임포트^{import}하였다.

파일을 저장하고 다음의 명령어를 통해 변경사항을 Heroku 앱에 배포하도록 하자.

```
$ git add .
$ git commit -am "deploy my bot"
$ git push heroku master
```

드디어 배포까지 모두 완료되었다. 이제 우리의 챗봇을 대화 관리^{dialog management}와 액션^{actions} 두 가지 Heroku 앱^{App}을 이용하여 전 세계와 공유할 준비를 모두 마친 것이다. 사용자 정의^{custom} 챗봇 UI를 확인할 수 있는 다음의 url을 브라우저를 통해 접속해 보자.

https://horoscopebot1212.herokuapp.com/webhooks/rasa/chat

그림 5-20-1과 5-20-2는 챗봇이 대화 중에 어떻게 보이는지를 나타낸다.

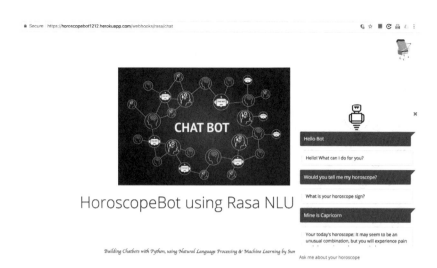

그림 5-20-1 자체 웹 사이트에서 동작하는 사용자 정의 챗봇(custom chatbot)

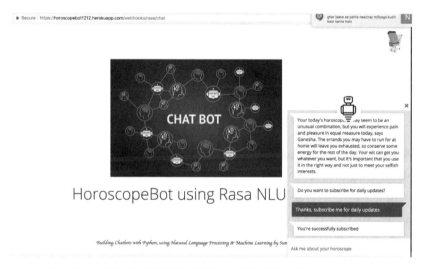

그림 5-20-2 자체 웹 사이트에서 동작하는 사용자 정의 챗봇(custom chatbot)

Heroku의 사용자 지정 도메인 네임 기능custom domain name features을 이용하면, www.example.com과 같은 형태의 웹 사이트 이름으로 원하는 앱을 쉽게 가리킬 수 있다. 챗봇이 영리 또는 비영리 목적으로 대준에 공개할 만큼 인성도기 높아졌다고 생각되는 시섬에 위와 같은 방법을 사용하는 것을 고려해 보도록 하자.

자연어 처리Natural Language Processing와 머신러닝을 활용하여 파이썬으로 챗봇을 구축하는 방법을 안내하고자 했던, 이 책에서 준비한 내용에 대한 학습이 모두 완료되었다. 이 책의 내용들이 독자 여러분들에게 도움이 되었길 바라며, 챗봇을 학습하고 구축하기 위한 실질적인 접근이 가능해졌기를 희망한다.

챕터5

이 챕터에서는 Heroku를 이용하여 독자들이 직접 구현한 앱을 자체 서버에 배포하는 방법에 대해 학습하였다. 페이스북의 개발자 플랫폼을 챗봇과 연동하였으며, 슬랙 앱에서도 사용자 정의 챗봇을 생성하고 잘 동작하는지 테스트하였다. 그리고 챕터3에서 언급했던 것처럼, 어떠한 소셜 미디어 플랫폼에도 의존하지 않고, 자체 UI를 만들어 Heroku에 배포하고 동작을 확인하였다. 이 모든 것들은 매우 매력적으로 동작하였고, 머신러닝을 통해 잘 학습되는 것 또한 확인하였다.

이제 독자들은 기본이 될 수 있고 잘 동작하는 모델을 구축하였으므로, 챗봇이 잘 동작하지 않는 등 문제가 발생한다면 스스로 처리할 수 있음을 확신한다. 고민하는 문제가 학습, 액션 서버, 사용자 정의 코드 등 어디에 관한 것인지 파악할 수 있다면, 근본적인 원인을 찾아 수정하고 다시 배포하여 개선여부를 즉각 확인할 수 있을 것이라고 생각한다. 작은 부분들부터 시작하면 언젠가 큰 소프트웨어를 구축할 수 있을 것이다.

이 책을 읽고 독자들이 구현하게 될 챗봇이 무엇일지 들려준다면 매우 기쁠 것이다. 챗봇 구현 중 발생하는 컨셉, 코드, 배포 등 어떤 문제라도 연락을 준다면 도울 수 있도록 노력할 것이다.

행운이 있기를 바라며, 지금까지 학습한 독자들에게 감사를 표한다.

인덱스 Index

한글

자연어 처리와 머신러닝을 이용하여

파이썬으로 챗봇 만들기

1판 1쇄 발행 2020년 11월 20일
1판 2쇄 발행 2023년 06월 16일

저 자 Sumit Raj
역 자 Daniel Lee
발행인 김길수
발행처 ㈜영진닷컴
주 소 (우)08507 서울특별시 금천구 가산디지털1로 128
STX-V 타워 4층 401호
등 록 2007. 4. 27. 제16-4189호

ⓒ2020., 2023. ㈜영진닷컴

ISBN 978-89-314-6323-1

YoungJin.com **Y.**
영진닷컴

'그림으로 배우는' 시리즈

"그림으로 배우는" 시리즈는 다양한 그림과 자세한 설명으로
쉽게 배울 수 있는 IT 입문서 시리즈 입니다.

그림으로 배우는
서버구조

니시무라 요시히로 저 | 240쪽 | 16,000원

그림으로 배우는
C 프로그래밍

Mana Takahashi 저 | 504쪽 | 18,000

그림으로 배우는
자바 프로그래밍
2nd Edition

Mana Takahashi 저 | 600쪽 | 18,000

그림으로 배우는
데이터 과학

히사노 료헤이, 키와키 타이치 저
240쪽 | 16,000원

그림으로 배우는
HTTP&Network

우에노 센 저 | 320쪽 | 15,000원

그림으로 배우는
클라우드 2nd Edition

하야시 마사유키 저 | 192쪽 | 16,000원

그림으로 배우는
알고리즘

스기우라 켄 저 | 176쪽 | 15,000원

그림으로 배우는
네트워크 원리

Gene 저 | 224쪽 | 16,000원

그림으로 배우는
보안 구조

마스이 토시카츠 저 | 208쪽 | 16,000원